如何练就阅读力

涂梦珊 著

机械工业出版社
CHINA MACHINE PRESS

本书将练就阅读力的训练方法分为三个递进的阶段,每个阶段包含 7 天的练习。从基础的方法技巧到高效阅读的方法总结,从培养阅读习惯到突破阅读障碍,利用 21 天时间,以极简的方式,让读者立刻与手中的书籍建立起紧密的联系,成为阅读高手,提升自己获取知识的能力。

图书在版编目(CIP)数据

如何练就阅读力 / 涂梦珊著. —北京:机械工业出版社,2018.9(2020.7重印)
ISBN 978-7-111-61657-3

Ⅰ.①如⋯ Ⅱ.①涂⋯ Ⅲ.①读书方法 Ⅳ.①G792

中国版本图书馆 CIP 数据核字(2018)第 303097 号

机械工业出版社(北京市百万庄大街22号 邮政编码100037)
策划编辑:姚越华 张清宇   责任编辑:姚越华 张清宇
版式设计:张文贵   责任校对:潘 蕊
封面设计:吕凤英   责任印制:孙 炜
保定市中画美凯印刷有限公司印刷

2020 年 7 月第 1 版・第 4 次印刷
145mm×210mm・7.125 印张・1 插页・134 千字
标准书号:ISBN 978-7-111-61657-3
定价:45.00 元

凡购本书,如有缺页、倒页、脱页,由本社发行部调换

电话服务 网络服务
服务咨询热线:010-88361066 机 工 官 网:www.cmpbook.com
读者购书热线:010-68326294 机 工 官 博:weibo.com/cmp1952
           010-88379203 金 书 网:www.golden-book.com
封面无防伪标均为盗版 教育服务网:www.cmpedu.com

目　录

第一阶段

一、培养阅读习惯的关键 / 003

二、如何提升阅读速度 / 023

三、读后记不住怎么办 / 064

四、没时间读书怎么办 / 076

五、如何实现大量阅读 / 084

六、提升阅读吸收率 / 089

七、阅读画像让读书更专业 / 095

第二阶段

一、如何跨过阅读倦怠期 / 103

二、如何进入主题阅读的大门 / 117

三、掌握知识的框架与核心 / 131

四、如何让知识融会贯通 / 143

五、跑题，意外发现的绝佳时机 / 150

六、归纳，提升信息质量 / 153

七、探索，思考我们思考的过程 / 156

第三阶段

一、锚定内容的制高点,一览众山小 / 165

二、重建反馈回路 / 170

三、化繁为简,提炼复杂世界的简单基本规律 / 175

四、关注关系而非关注事物 / 178

五、一个好方法带来舒适的阅读体验 / 182

六、高效分享的几个步骤 / 188

七、以教为师,通过知识分享完善自我思考 / 193

附录 A 阅读效率工具箱 / 201

1. 如何阅读大部头书籍 / 201

2. 如何阅读工具书 / 202

3. 如何使用图书馆 / 204

4. 眼脑直映法:让阅读像拍照 / 206

5. 故事法:活化大脑,阅读流利 / 207

6. 残像法:忘记不重要的,读出最核心的 / 213

附录 B "听书"的五大核心方法:教你高效利用音频学习 / 216

1. 长、短音频应分别如何听 / 216

2. 怎样用耳朵提升信息的层次 / 218

3. 哪些音频资讯能快速提高自己的认知结构 / 219

4. 挖掘听读渠道,找到被忽视的信息池 / 221

5. 如何听懂别人的知识结构,问出好问题 / 222

第一阶段

一、培养阅读习惯的关键

二、如何提升阅读速度

三、读后记不住怎么办

四、没时间读书怎么办

五、如何实现大量阅读

六、提升阅读吸收率

七、阅读画像让读书更专业

一、培养阅读习惯的关键

1. 明确阅读目的

一部新电影上映时,你和朋友之间也常常会有这样的对话吗?

"那部片子你看过了吗?"
"嗯。"
"感觉怎么样?"
"我觉得还不错,你应该去看一下。"

当对方意欲告诉你剧情时,你会赶忙补上一句:"别剧透喔!"这也是不希望对方的描述影响自己对影片故事的独立判断。而如此具有主观能动性的我们,却常常不懂得用看电影的心态去对待书籍,我们在阅读时最容易缺失的习惯正是:没有明确的阅读目的。

虽然是看似简单的生活场景与对话,却表达

了我们最本质的动机：从自己出发，明确观看的目的，至少不想为一部内容空洞的电影付费。目的性是让你的神经网络更兴奋、更发达的一种刺激。这就好像理财一样，当你知道自己要买什么东西的时候，仿佛一切的资金都有了一个去向。

其实我们在生活的很多方面都有明确的目的，但是唯独在阅读时，这种目的性减弱了。我想，这是因为我们大部分的时候认为阅读是一种精神性的活动，目的性太强会亵渎了这种精神。但是我想说，只有明确阅读目的，你才能够使自己的阅读习惯更加量化，才能够及时获得一种回报，而这种回报就是你在培养阅读习惯的初期所需的一种关键性的动力。

新电影上映的时候，我们会先看看影评，了解电影的导演是谁、主演是谁，以及这个电影到底有哪些看点。这就是一种目的性。当你下厨时，想要参照食谱，肯定也不会从食谱的第一页开始读，你会只看自己想做的那道菜。事情如果换到阅读上，就完全变了一番模样。很多朋友翘首期待别人推荐好书给自己，希望通过阅读这些好书来快速汲取书中的智慧和知识。殊不知，这样的习惯反而是对自己成长的一种阻碍，不仅让你的阅读效率降低，还会使自己潜移默化地依照他人的价值观来做阅读选择，受制于人。

目的，就像眼睛的聚焦点一样，只有自己有了聚焦点，才会把有限的注意力集中在特定的主体上。正如我们不会去学习如何制作一种自己从不会吃的食物一样，我们也很难对一本自己根本不感兴趣的书留下深刻的印象，目的明确的阅读才是真正的主动阅读。

主动阅读时的神经网络更兴奋

下水游泳之前，教练会提醒我们首先要做热身运动，这可以让我们在身体方面做好运动准备。在精神方面，为达到最佳运动状态或取得最好成绩，做好精神上的心理调适。

阅读时，我们的思维也需要"热身"。在阅读之前，身体和精神的参与度越高，阅读效率就会越高。很多读者说自己读完之后仿佛什么都没有记住，效率很低，正是因为我们拿起书本立刻就读，看似主动，其实不然。

很多书籍都有相关性，在阅读新书之前，我们可以先花时间思考自己面临的困惑，对这本书的期待，这本书和自己要解决的问题之间的联系，等等。这就是我们给思维"热身"的过程，这个过程会不断激活我们往日的回忆，让新旧之间有关联，从而更容易理解和找到共鸣，记住内容只是水到渠成的事情。

上学的时候，老师总是提醒我们在课前先预习，其实就是希望我们给头脑做一做热身运动。课堂不是用来接收新知识的，而是用来向老师提出问题的，整个准备过程正符合我们进行思维活动和记忆的运转规律，这样的方式才能让我们学得更好。因为当你能提出问题时，说明你已处在预习新内容的过程中，把新的知识与已知的知识做了激活和链接。

如图1-1所示,最左边这一层是输入层,最右边是你的输出层,中间的是你的隐藏层,而隐藏层不仅仅只是一层,很可能会有多层。

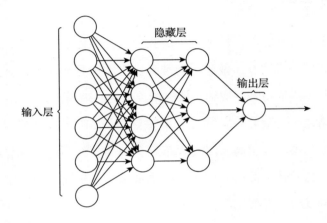

图1-1

热身运动,就相当于我们把头脑知识单元中的隐藏层唤醒,让新的内容信息与已知的内容信息进行连接,连接之后才会稳固,否则吸收的信息再多,信息之间若没有连接,新内容也会飘忽不定,久而久之就会消散。这就是人脑运作的规律。

主动阅读时,人的神经连接最密集,大脑运作最充分,兴奋度很高。相反,大脑神经网络传送密度很小时,大脑的潜能根本没有开发出来,也没有得到充分发展,慢慢就会进入一种休眠状态。

认知的基本单位是大脑中的神经元。神经元以网状结构布局,彼此相连,<u>丝丝紧扣</u>,只能建立在既有的神经网络基础之上。倘若新的神经元没有与已有的部分相连接，它就无法快速和牢固地生长。从小到大，我们学习很多学科的不少知识，但是现如今，留存在脑海中的还有多少呢？明确阅读目的，就是一种最简单高效的激活大脑的方式。

你在进行漫无目的休眠式阅读吗

在阅读时，如果大脑常常不知不觉地进入一种停滞状态，仿佛是被迫工作一样，而不会有那种进入状态的感觉，那你很有可能已经在进行休眠式阅读了。你可以回忆一下有没有过这样的经历：大好的假期，下定决心要养成阅读习惯，老老实实待在家里读一本书，可是没读多久就发现自己的注意力已经飘散到九霄云外了，然后强迫自己把注意力收回来。可是好不容易读了两页，之前读过的又忘记了，完全没有印象。没办法，又只能回过头去重新读一遍，心里还要琢磨，这样下去，什么时候才能把书读完啊！当你发现读书经常半途而废时，很有可能就是你的大脑在慢慢进入休眠了。

很多人天生有一种责怪自己的倾向，误以为是自己阅读不够细致、不够认真，所以才记不住，于是又重新逐字逐句阅读一遍，但并没有好转，最后索性合上书本。你是否想过大脑为什么会休眠？你一定有过十分饥饿时不能吃东西，随后完全不饿的感受。虽然当时不饿了，但身体还是需要摄入能量才能运转。如果不能做到饮食健康，身体机能就会慢慢恶化下去。如果大脑长期处于饥饿状态,从来没有吃饱过,大量的空间就被闲置了,这正是大部分人在阅读时对大脑的利用常态。

事实上,我们的大脑就如一台高速运转的机器,可是在阅读时,我们却依然在逐字逐句地线性输入,最终导致休眠和关机。久而久之,大脑就会像是你的身体处于饥饿状态一样,为了节约能量,只能长久进入休眠状态。

> **知识卡　测测你的大脑的信息储存能力** ▶▶▶
>
> 　　如果你此刻刚刚进入咖啡厅,找个地方坐下来,花 30 秒的时间观察一下店内的环境,随后闭上眼睛在脑中回想店内的细节。我敢说你能回忆起 80% 的空间布局,店内大概有几个人,每个人大概穿了什么衣服,店里播放的是什么音乐,货品怎么摆放的,店员的表情是怎样的。

你会惊讶吗?就在这短短的 30 秒钟内,你的大脑已经记住了这么多细节。有经验的编剧甚至可以根据这些信息编写出一幕非常精彩的戏剧。而此时此刻,你也像导演一样,瞬间处理了这么多色彩、空间、情绪、气味的多维度配合问题。你的记忆和转述能力明明很惊人,可是却从主观上让自己误以为能力不足。这就好像是你买了一所大房子,却由于不了解空间的利用技术,而让自己的居住空间变得很局促!

大脑具备的巨大容量常常被我们所忽视,我们效率低的核心原因是，我们根本没有给大脑足够的资讯能量，是我们自己把自己的大脑慢慢推入到了休眠的状态。

> **知识卡　哪些行为会让我们启动休眠程序** ▶▶▶
> 1. 速度太慢
> 2. 被动阅读
> 3. 全程无参与感
>
> 请记住：当输入能量不足时，大脑就会自动进入休眠状态。

休眠式阅读带来的读后综合征

也许你会觉得，有空闲就休息一下好啦，这不是好事吗？不妨把大脑想象成自己的另一半，如果他在感情需求上没有满足，那就会需要其他的空间或人来寄托来承载他的情感盈余。当大脑的高速运转性能只被调动一部分的时候，剩下的能量就会飘散到开小差、注意力不集中上去，因为大脑实在是一部太勤奋的机器。

这就是为什么你读着读着，脑中不自然地浮现出来刚刚吃过的美味以及昨晚看过的电影等片段信息。久而久之，当片段信息浮现到一定的程度时，就意味着你的大脑注意力已经下降到最低水位线了，然后开始彻底休眠、死机，再也不想去读其他内容了。

> **知识卡** 休眠后出现的知识焦虑症的典型症状 ▶▶▶
>
> 漫无目的阅读就像丝线一样容易轻轻地飘走；
>
> 读得广，但越读越不明白，越读思维越乱；
>
> 一年读不了 10 本书，对一年读上百本书的读书达人十分羡慕；
>
> 不读愧疚，读了没用，读完就忘；
>
> 精神涣散，无法集中，读书好比牢狱之灾；
>
> 经常半途而废，虽然有时因为乏味枯燥而看不完一本书，却依然内疚自责；
>
> 阅读时间歇性萎靡，倦怠、迷茫、提不起精神；
>
> 浪费了大量宝贵的时间、金钱和精力，买书如山倒，读书如抽丝，却基本是白费功夫，因为大多数的知识都用不上。

利用碎片时间，一年真的可以读完上百本书吗

经常有人问我：利用碎片时间，一年真的可以读完上百本书吗？当然可以，我自己就是一个很好的例子，从一开始不爱阅读到高效读完上百本书。我们每个人的大脑都有极大的潜力，我现在不仅能够一年读这么多本书，而且还能够两天写出 8000 字自己感兴趣的内容，这些都是由于熟悉了大脑的运转规律之后，遵循它的原则和它的喜好，慢慢做出的加速运动。

(1) 加速运动第一步：目的第一原则，让大脑有焦点意识，建立外围护城河。

如果总是把时间花在无关紧要的读物上，你就没有精力去进行真正有意义的阅读了。我们来算一笔时间和行为结果的账，通过这个方法让自己的投入产出可视化（见表1-1）。你每天除了8小时睡觉之外，只有16小时，其中8小时给了工作，2小时给了上下班通勤，1小时给了锻炼，1小时给了3餐，还剩下4小时。其中又有2小时给各种社交平台贡献了流量，在消耗这些流量的同时，各类层出不穷的末梢信息也不断抢占着你的注意力、消耗着你的意志力。最后2小时，很可能看一部电影或者继续迷迷糊糊、晕头转向，时间不知道去哪儿了，连最后可以用来投资自己的一点时间也消散了。

表1-1 24小时阅读沙漏

睡觉	8小时
工作	8小时
通勤	2小时
锻炼	1小时
三餐	1小时
休闲	2小时
流量消耗	2小时

如果不明确自己的阅读目的，所有的时间和精力就会被填入这些无底洞。我们误以为了解天下大事的自己是在指点江山、

往上登攀，殊不知，我们自己要积累的结构性知识却一点都没有增多，全部贡献给了那些信息泡沫和末梢资讯。所以，在阅读任何资讯之前，请记住：首先要明确目的，这就像使用了定海神针，你在定海神针周围搅起巨大的螺旋风力，让与你的目的相关的知识都首先被吸纳过来，剩下的时间就可以自由支配了。这时候，阅读不再是毫无结果的消耗，而是变成了零存整取的投资，生活的边角料都会被高效利用起来。村上春树说他一天的时间只有 23 小时，因为其中 1 小时雷打不动地给了跑步，这就是秉承了明确自己、目的第一的原则。

（2）加速运动第二步：善用视网膜效应提升阅读效率。

你有没有过这样的经历，当你很想认识一个人的时候，在不长的一段时间内，你总会有机会认识到他。读书时，如果遇到一个新的词汇，没过多久，这个词汇总会再次出现。同样的感觉还出现在我们对自己的认知上，当你关注自己的优点时，你也会关注具备相似优点的人；可是当你只关注自己的缺点时，你所吸引的对象也正是具有相似缺点的人。我们常说的"念念不忘，必有回响"，也正是对这种反馈系统的描述。

所谓视网膜效应，简单地说，就是当我们自己拥有一件东西或者一个特征的时候，我们就会更容易注意到他人是不是也和我们**具备同样的东西或特征**。这种视网膜效应就会渐渐影响到你对重点和关键词的关注。就如你决定买一款车之后，你会首先看到路上出现的同款车型,这种对相关性的积极关注,会让你通过不同渠道收到相关的回复。其实在阅读时,也同样存在视网膜效应。阅读是非常抽象的思维运动,那这种思维运动的视网膜效应怎么能被自己感知到呢?那就是通过主动的提问。当有疑问之后,你的阅读就会带有一种简单的因果关系思考,问题意识会自始至终存在于你的头脑当中。

知识贵在启发和运用,而不是堆砌起来,最后再被遗忘。只有把焦点放在真正能解答疑问的阅读区域,你才可以对不重要的书说"不"。每拿到一本书,首先应提几个问题,再看这本书能不能解答这些问题,这种自始至终的问题意识能帮助你获得简洁的因果关系。写作的人本身就是拥有问题意识的,有疑问,才会去寻求解答,一本书的成书,就是作者对自己所关注问题的自我解答。问题意识能让我们保持与作者一样的积极的思考力,并让自己转换成作者的思维方式,看到作者思考的脉络,慢慢梳理出一本书的成书逻辑——通过什么样的方法,解决了怎样的问题,得出了怎样的结论,一个简洁的因果逻辑关系便快速地呈现在了自己眼前。

这样坚持下来,随着阅读时间的增加,你的阅读感知就会慢慢地被重塑:你只会去抓那些解决问题的重点。高手为什么能够在一年内读上百本书?就是因为他每次只读重点。帕累托定律告诉我们,人在各个领域中努力经营,80%的结果来自20%的活动。阅读中也存在着帕累托定律,你需要把时间花在密度最高的20%的内容上,能最快给你带来改变和提升的书籍上。

当你产生某种特别的需要或心向（思维定势）时，就会对需要的对象产生浓厚的兴趣，并会自然或不自然地去留意相关信息，而把那些与需要不相关的其他信息无意识地过滤掉，从而产生一种选择性的注意。在外界诸多刺激中注意到那些最重要的刺激，随着时间的推进，就会培养起来具有明确目的的阅读习惯。当你带着问题意识阅读时，每拿到一本新的书籍时，就已经不知不觉地在主动搜寻问题答案了，与其读完无数的细节却什么都记不住，不如把精力锁定在最有用的 20% 上，对这个部分进行完全的吸收和利用。

主动提问，正是这种视网膜效应滚动起来的第一步。主动提问还会培养起一个附带的小习惯。当书本里的内容让你觉得不够有说服力时，你会利用互联网去查找更多的信息，在这个过程中，拓展自己的知识面和提升主动思考的能力，把更多知识紧密联系在一起了。

> **知识卡** 四个简单问题帮助你在阅读之前建立问题意识，提高阅读速度 ▶▶▶
>
> 1. 明确阅读目的的自问：我为什么要读这本书？
> 2. 带有问题意识的发问：我想解决的问题有哪些？
> 3. 检验阅读效果的反问：这本书读完后，作者解答我的疑问了吗？
> 4. 拓宽思维面的展开问题：如果没有得到解答，我自己会用什么方法和案例来分析同样的知识点？

2. 让阅读融入已有的习惯

很多人说自己没有办法养成阅读习惯，或者阅读兴致就像坐过山车一样，一开始的时候情绪特别高昂，坚持一周之后就患上了"阅读厌食症"。这是因为我们一直都在用"蛮力"去坚持阅读，而没有使用"巧力"。人类的心理有一半就如一头桀骜不驯的大象，而另一半则像是一个理智的骑象人。分裂的这两个部分使人们常陷于理智与非理智的思想斗争中，这场斗争无可避免地消耗了你为数不多的意志力和繁忙一天后仅存的精力。

万丈高楼平地起，一个新的习惯出现之后，不管它多么有益、多么高级，也不管它多么有效，都不可能让你彻底告别原来的某种生活方式。人在很大程度上会受生活惯性的影响，三点一线、两点一线正是对这种惯性的数字描述。这种惯性体现在生活的方方面面，比如固定的饮食口味、作息时间等。所以，你首先要尊重惯性与人性，而不是反其道而行之，激起敌意。想要快速促成改变的发生，就要懂得调教的艺术，而不是使用蛮力。

专心致志 VS 一心两用

专心致志是我们从小即被灌输的一个观念，所以当你一心两用时，就会自然而然地产生一种心理的"负罪感"，但这样的观念真的是对的吗？这样的观念在任何时候都合理吗？这样的观念适合一个还没有养成阅读习惯的人吗？很显然，既要养成阅读习惯，又要做到专心致志，这需要双倍的能力。这类机制不符合让人行动起来的心理价值激励模型。

不妨让自己的压力少一些，让行为在所需的心理奖赏框架下更快地发生。

关键是要配合已有的旧习惯开始读书。很多人认为在阅读的同时做别的事情是不恰当的，我曾经也是这样认为的，但如果初级阶段的目的是要养成阅读习惯，一心两用的读书方法就是既受感觉欢迎又受大脑欢迎的方式。

我们在健身房会看到不少人一边跑步，一边听歌。而阅读正是一次头脑的健身，那阅读时为什么不可以一心两用呢？当没有这种犯错的禁忌时，你的内心自然就放松了。这时你不会再排斥，而会自然而然地把阅读这件事放在心上。

一起来盘点一下我们有哪些习惯可以和阅读融合在一起。我们人生当中最公平的事就是每人在一天中都只有24小时，当通过盘点找到被自己忽略的那些可以和阅读相结合的习惯时，你会发现一天中突然多出了很多时间。

盘点的方法很简单，请你回忆一下每天除了用于工作和睡觉的大片时间之外，哪一件事情会花费你30分钟以上的时间？回忆得越细越好，可以把一天的生活像放映电影一样回放一遍。

之所以设置30分钟这样一个时间单元，是因为30分钟是大部分人集中注意力的一个基础时间单元。曾经有人问过我：每天和男朋友吵架超过 30 分钟要写吗？是的，不要放过。只要是你可以自由支配的时间单元，只要耗时超过 30 分钟，就请写下来，回忆得越多，你的增值本金越多，智慧理财的效果越好。

如何把阅读融入已有的习惯中

我自己在进行习惯回放的时候，就找到了一个每天都要花费超过 30 分钟的固定的时间单元，这就是早上起床的时候，尤其是冬天。我就开始利用这个时间单元把新的阅读方式和"旧"习惯结合在一起，每当不想立刻起床的时候，我就会随手拿起一旁的书开始晨读。我把起床和阅读结合在一起，原来在被窝里赖床刷手机的 30 分钟时间，被我一盘点，即刻产出了双轨价值。

双轨价值是我自己创造的一种说法。时间是单向流淌的，想要增加产出，首先要降低时间的使用成本，其次要增加生产效率。降低时间的使用成本是最快速有效的初级方法之一。通过盘点，很多朋友发现的是通勤时间，这是每天最好的一段一心两用的时间。当你找到这个时间单元之后，接下来就是在这个时间单元所处的环境中随时放一本书，当然也可以是手机里的电子书；然后建立一个条件反射的触发点，要有一个刻意开启双轨时间价值的仪式。通过这个方法，你的阅读反射就启动了。

零存整取 VS 集中投资

如果减少每天的阅读量，但是坚持每天都阅读会不会更有效呢？

我做过一个简单的计算：假设每天阅读 4 小时，一周内坚持 4 天，那么你可能会过度疲劳；而且现实条件也不允许，很多已经进入职场的人已经没有求学时期那么多的空闲时间了，所以如果连续坚持 4 天，每天坚持阅读 4 个小时，真的很不容易做到。

阅读投资与其他投资一样，刚开始加入的玩家不适合集中投资，而应该把"鸡蛋"放在不同的"篮子"里，因为零存整取能让人看到积累大于消耗，这样更容易建立信心、激发兴趣。而在初级阶段，最重要的事就是保护好自己在阅读中所需要的信心与兴趣。

这其中的原理是，稍事休息反而能给大脑留出空间，让大脑有机会把新信息和已有的知识结合在一起，以深刻的理解代替无休止的记忆。当你懂得大脑和心理运作的这一项规律时，就会懂得不把"鸡蛋"放在同一个"篮子"里的艺术。

大脑和电脑在运作上有许多相似之处，这背后的行为传递规律会给我们相应的启示。当你在使用电脑时，常常会同时打开多个窗口。可是窗口总有一个最大值，当运行的窗口数量不断增加时，电脑只有死机才能提醒你需要休息了。阅读也是这样,与其等到它"罢工"才被动进行休息,不如提前给自己来一个正常的阅读心理和阅读精力管理,尊重大脑的有限记忆规律,也尊重身体需要劳逸结合的需求(见图1-2、表1-2)。

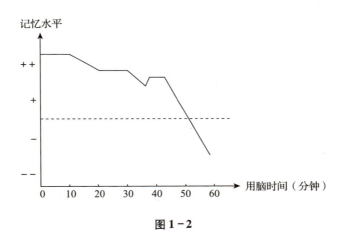

图1-2

表1-2 每月的记忆留存

时间间隔	记忆量
刚刚记忆完毕	100%
20分钟之后	58.2%
1小时之后	44.2%
8~9小时后	35.8%
1天后	33.7%
2天后	27.8%
6天后	25.4%
一个月后	21.1%

记忆训练就好像健身一样,刚开始健身的时候,身体虽然

有酸痛感，但其实还没有跨入真正练就肌肉的阶段。只有当你的锻炼不断刺激新的记忆点时，肌肉才会归拢于新的展现形态中。短期记忆转变为长期记忆也是一样的道理，在记忆转换的过程中，大脑的内部是在发生转变的，短期记忆和长期记忆都在争抢你的关注，因此你需要有意地采取一些措施，去避免记忆在由短期记忆转换为长期记忆的过程中被破坏（见图1-3）。

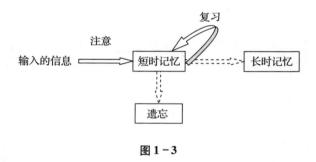

图1-3

为了冲阅读量而损失阅读的乐趣，就像暴食之后的厌食一样，一开始被"指标"牵引着读太多了，就会导致后面根本读不进去。假如你每周的阅读指标是16个小时，周末两天平均分配一天读8小时，最后可能因耽误了周末的休息而闷闷不乐，还不如零存整取，平均分配给每天少量的阅读时间。假如你保持每天阅读3个小时，每周坚持6天，这样每周的阅读时间就是18个小时，如果每周坚持7天就可以达到21个小时了。

读书的时间不需贪多，但要连贯。减少单日的阅读量，而把重点放在每天都这样去做的匀速推动上，并把时间控制在不对自身造成负担的范围内，还可以保证自身以后具有持续性的学习动力。平均分配、灵活变动的方式在精神和身体上都不会造成太大的负担。每天坚持阅读，最后学习积累的知识总量会持续增加。

巧用"紧急书籍"提高阅读回报率并激发阅读动机

想要坚持阅读，不妨巧妙地给自己设置"动机"——读完之后一定要达到某种结果。有人说，这太功利了吧？其实一点儿都不功利，尤其是在你养成阅读习惯的初期，功利性才是促使你能够坚持习惯的第一原则。

虽然我们都知道做事情要分轻重缓急，要优先处理紧急、重要的工作，但我发现很多人并没有用同样的态度去对待阅读。其实在阅读时，这种方法也很实用，可以让你的知识成倍增长。实践结合理论的学习方法效率很高，能够让你迅速将自己的知识学以致用。要想提高阅读回报率并激发阅读动机，我们就要学会筛选合适的书，哪些书的回报率能够立刻显现，就先读哪些书。将阅读时间投入在你认为最重要、最紧急的阅读领域，然后找出能解决你所提出的问题的书。

比如你的短期动机是带领团队迅速为公司做出贡献。此时，这一批短期内对你来说很重要的书，就会由于具有即时的应用情境而体现出更高的价值。在通过这些方法解决团队能力不足问题的过程中，即在这个"被迫"的过程中，你便是进行了"主动"阅读。在阅读解决自身短期问题的书籍时，应带着问题看书：我要从这本书中获得什么？如果是观点，在摘要中就可以获得；如果是方法论，那就从方法中寻找；如果是书籍思想的来源，那就仔细研读这个思考的源头，找到思想中的思想。

总之，阅读时要从摘要开始就提出问题，在阅读的过程中自始至终保持问题意识。如此反复进行，你就启动了积极有力的正循环阅读模式。这样在你解决问题之后，内心会有一种满足感和成就感，而此时你对待阅读的积极态度会呈现出不断加强的趋势。这个趋势会促使你从一开始的被动解决问题型进阶到主动提高自我型，动力已经升级啦！

二、如何提升阅读速度

1. 舍弃完美主义

"你看电影的时候会把人物的所有对白都记住吗?"

"不会啊。"

"一本书里,所有的文字都是金句吗?"

"当然不是啊。"

"那为什么你在阅读一本书的时候要从头到尾都读呢?"

"我也不知道啊,就是不这么读,心里着实难受!"

在我被问到的问题中,"如何提升阅读速度"是出现频率最高的一个。当我观察对方是如何阅读的时候,我发现很多朋友都是从头到尾地进行逐字阅读。于是,我索性给朋友们挑选了很多以图片为主的图书——没有文字的对象感，大家只能多看图，一本书翻不了几下，就看完了。这是为了让大家先多多体会这种快速翻页的感觉，既找找手感，又找找轻松的心理状态。

　　速度，一直是大家追求的关键目标之一，也是一个数据化的硬指标。回味一下观看电影和看书的相似之处：都是通过了解他人的故事和经历来学习，为此我们都要付出时间。可是结果可能相差很大，你所看电影的数量是不是大于所阅读书籍的数量？你能数出来的"佳片有约"是不是远远多于能数出来的"必读经典"？有没有想过为什么？

　　当我统计出自己看电影的效率后，我发现看电影的效率比阅读效率高出60%，于是我开始思考如何移除阅读速度太慢这座大山。我决定从此开始以看电影的心态看待文字。你从来没有觉得一部电影看起来很难吧？你顶多觉得一部电影看起来很无聊而已。为什么看电影不难也不慢呢？你可以一天看两三部电影，甚至一天能看完《权利的游戏》一整季，却不能够一天读完两三本书。

　　这是因为你从来不会为了要完全理解一部电影而去看，你是为了享受看电影的愉悦感去看的。对待电影，你似乎没有什么完美主义倾向，遇到无聊或太超前的部分，会自动跳过去；但是对待书籍，你却要求自己把其中的每一句话、每一个字都认真读过。这完全是对书籍的一种预设思维给你带来的心理恐惧。

破除阅读时的心理定式

不下 100 个书友告诉过我,自己阅读时会习惯性地一个字一个字地读到位。在初学语言时期,这是很有必要的,而长大之后,我们一目十行的能力并没有提高。那这种心理定式是怎么形成的呢?

上学时,我们得到的强化观点是:书读百遍,其义自见。正因为被预设了读书需要有如此高的标准,我们在阅读任何书籍时,才会迁移这样的预设习惯,久而久之就会在心里形成一种暗示:书不读完是不被接受的。时代已经变了,新时代的阅读宣言应该做相应的调整:你享有不读完整本书的权利!

阅读时,应该把放松和跳过无聊冗长的部分视作一种自然而然的权利。可是当我们从看电影迁移到阅读时,这种恐惧感和紧张感就挥之不去了。甚至可以说,只要是你认为自己是在进行阅读活动,就会突然升起一种先天性恐惧,这种恐惧涵盖了看不完书的恐惧,或者害怕错过了某些文字而理解不了整本书的恐惧,这就是早该被抛弃的"完美主义"倾向。

我曾经也有必须要看完整本书的强迫症。后来反思,为什么我会有这样的强迫症呢?我曾经有三个习惯:一是感觉不看完好像就有点儿浪费;二是觉得也许后面会有精彩的或者重点的内容,害怕错过了;三是上学时的应试教育所留下的影响,而这恐怕已经成为一种根深蒂固的潜意识。

弄明白之后，我开始刻意把看电影的视觉心态放入书籍的文字阅读中去，当我这么做之后，后面的一连串不适反应都逐一消除了。比如，我放弃了完美主义，看不懂的暂时不看，太无聊的部分也暂时不看。没有这种先天性恐惧之后，我开始享受阅读带给我的纯粹乐趣，而这种乐趣让我越来越愿意与这种思维活动紧密联系在一起。破除阅读的心理定式并放弃完美主义，是高效阅读的第一步。

限制性能带来更高效率

你有没有发现，任务快结束时，正是思考和行动效率最高的时候，也很有可能是注意力最集中的时候。当拥有足够的时间时，我们总会感知不到时间的流逝，当生命度过一半的时光后，我们才开始学习时间管理，这种情况屡见不鲜。

要想改变这种情况，我的方法是，选用具有杠杆效应的外力工具。刚开始的时候，你很难和自己的心理定式抗衡，正如你就是喜欢美女，即使我们再倡导内在美，你还是会本能地被外在美所吸引一样。你需要借助一定的外力，这种外力可以对自己进行限制性的倒逼式阅读。

最重要的外力，就是一定要给自己的阅读设定一个完成时间。如果你每天的工作量非常大，那就更加需要巧用方法了，我自己就常常运用这个方法。所以建议大家也不妨做一次尝试，给自己限定时间，要求自己在一定压力下进行快速阅读。长期进行此种训练,眼睛捕捉信息的能力就会越来越强,大脑的反应速度也会越来越快,阅读水平必然会有所提高。

不妨来设想两个场景。

场景1：

你手捧一本超级喜欢的书,但由于时间受限无法读完,这时候你为了尽快领略书籍的全貌,就会以超常的阅读速度一鼓作气地把它看完。

场景2：

一本书带回家之后,一直安放在床头,每天晚上本来想要拿起来看一看,可是实在太困了,于是它就一直静静地躺在那里。等到你晚上不累的时候,再以5页/天的速度向前推进。

其实,第一种场景就是一种特殊情境下的限时阅读,如果你把第一种情景从偶尔状态变为常态,那么这样的外力介入就能发挥巨大的效用,让你的阅读速度和效率获得巨大的提升。

相信大家都有过这样的经历,在开始读一本书之前,一般不会设定时间限制,而是顺其自然地把书看完。这种情况下,我们的大脑接收到的刺激就是非常温和的。这就很像和朋友约好小聚,你马上要迟到了,对方说"没关系,不着急",于是你就真的不着急了,慢悠悠地迟到很久。如果你和对方约好进行商务洽谈,哪怕迟到10分钟,你自己都会非常内疚和紧张,于是你会想尽一切办法快速到达。后者给你的大脑传输的信号就比前者更加强烈。

当大脑接收到"时间紧、任务急"的信号时,其他感官也会被传递相应的指令,迫使我们集中精力开始工作。在这个"被迫"的过程中,被感知的文字和语句传到大脑神经的过程就会加快,我们眼睛的移动速度也就会随之加快。如此相互反复,就是一种积极有力的正循环阅读模式。效果就是,眼睛与神经的运转互相促进、相得益彰。

给自己有限的时间,就是自己主动给自己传递"时间紧、任务急"的强烈信号,这可以帮助你善用大脑和心理的暗示来为自己的阅读速度服务。相反,如果没有时间限制,你就会不分重点和目标地读下去,结果就是你会浪费大量时间。

> **知识卡 何谓"限时阅读法"▶▶▶**
>
> 也就是阅读时要设定"几点要读完"这样的一个时间限制,如果不做时间限制的话,可能过很久了你连一半都还没有读到,因为人在不被逼迫的时候是很难发挥更大的潜力的。那么,多长的时间是恰当的呢?
>
> 如果阅读的是以下这三类书的话,你用一两个小时的时间就可以把它读完了。
>
> 第一,以强化你已经具备的知识为目的的书籍。
>
> 第二,一些成功的经验之谈类书籍。
>
> 第三,自我启发或者自我激励类书籍。

杠杆心态能提升限时阅读法的速度

杠杆心态并非天生就有,它就像理财意识一样,首先需要我们对财务的规划有想法,才会慢慢开始有意识地建设起来。如果你打算在限定时间内读完一本书的话,从头到尾阅读完的策略是完全不适用的。而运用杠杆心态就是,掌握20%就可以了,你需要做的是反过来思考哪一部分的内容不读。联想一下,阅读是一种投资,投资品种有好有坏,同一个品种也有收益的不同周期,阅读也一样。越用有效的阅读方法,你得到的回报就会越多。多读的第一步就是,你首先要舍弃那些从头到尾细读书本的习惯,否则时间有限,你根本不可能完成大量阅读。举个例子,虽然你一年可以读上百本书,但是你会发现其中想要推荐给别人的书可能只有十几二十本左右,只占你阅读总量的两成。

就像看一部电影一样,精彩的剧情就那么几个片段,一本书也不可能从头到尾都是重点,而大部分读者的观念是没有全部读完就不能算是读了这本书。阅读时不用在意这些小遗漏,而使速度变慢,当阅读速度有所提升时,你的注意力会自然而然地非常集中,这时你会把精力放在以较少的劳动去创造更大的回报的内容上去。总而言之,与其读了全书却没有学到任何东西,还不如就选取重要的一项来努力,反而会得到回报。

三步跃升帮你快速了解一本书

如何快速浏览完一本书?

> **知识卡　具体怎么做?** ▶▶▶
>
>
>
> 1. 绝对不要反复浏览,错过了、没记住也没关系,先培养翻阅的习惯,今后才可能进步为翻第一次就记住。
> 2. 只读观点出现最频繁的地方:每一段的开头和结尾。
> 3. 读别人的读后感,快速感知整本书对读者的启发和帮助,了解其中的干货。

2. 摆脱逐字阅读

练好内力,才能摆脱休眠引力。休眠引力这个概念,在许多电影中都出现过,许多科幻电影都有把人类暂时冰冻起来送往外太空的画面,这种休眠的状态就是一种暂时静止的状态。比如,当你放弃想象力之后会发现,今后再要启动想象力会变成十分困难的事情。于是我在生活中给自己定好了原则,一定要做一些挣脱自己休眠引力的游戏,比如看科幻片或动画片来活化自己的大脑,再比如练习高效阅读来提升自己的思维效率。

我们有一种阅读的心理定式，这种心理定式正是让我们读书的速度慢，阅读习惯无法坚持，无法摆脱休眠引力的原因。前面提到，这种定式是我们在初学知识的阶段被教导的——仔细地读，尽量做到一字一句的去读。但这种方式只适用于刚刚学习知识的阶段。随着我们的成长，每天接受的信息越来越多，如果想要重新提升自己的阅读效率的话，就一定要破除之前形成的心理定式，摆脱根深蒂固的逐字阅读的习惯。正所谓，读得越快越会读，越会读读得也越快。做些什么能帮助我们摆脱这份休眠引力呢？

让眼睛摆脱焦点的控制

首先就是要丢掉逐字阅读的习惯。因为眼睛扫描文字的路径这一部分看不见、摸不着，所以大家忽略了对这部分能力的培养，可以说，就连你自己都完全不知道自己的眼睛在书本平面上的走向是怎样的。而提高阅读速度的核心和获取信息的方法的高效性，从本质上来讲是一样的，那就是要重建信息的获取路径。

表面上我们看到，阅读速度快和阅读速度慢的人都在看书，但实际上，在他们的眼睛与书本接触的那一刻，文字的摄取路径有可能完全不同。如这样一个句子：安娜的心里有无穷无尽稀奇的事，这些事都是我往常的朋友所不知道的。

我们的眼睛有一种被焦点控制的先天性倾向，动物捕猎时眼睛的聚焦状态是一种本能,我们在读取信息时也是一样。人的眼睛有一个特点,就是当我们的眼睛要仔细分辨特定的视觉对象的时候,视野就会自动缩小,而聚集在特定对象上。这是为了能够清晰地完成对视觉对象的一个感知任务,避免出现差错而进行的一个下意识的习惯性行为,以达到调整和控制的目的。

以前我看过一个实验,一个人在一张白纸上画了一个小黑点,然后他把白纸放到胸前,问大家看到了什么,95%的被测试者都说看到了这个小黑点。只有5%的被测试者说看到了巨大的留白。这个实验令我印象深刻,因为它反映了我们大部分人的注意力都是关注细小的点,而注意不到整个平面所包含的内容。

我们在阅读中抓取信息时,也常把注意力放在"小黑点"上。我们重建系统和重建路径的核心观念就是,要在阅读感知上逐步去扩大感知的单位,这样的话,我们就能够完成从点到面的提升。因为书籍的排版几乎都是横向线排,所以我们的眼睛也会被塑形为如此读取。当我们的聚焦点过小时,眼睛读取句子时的注意力和对文本信息的浏览是这样的:

〔安娜的心里〕〔有无穷无尽的〕〔稀奇的事〕〔这些事都是〕〔我往常的朋友〕〔所不知道的〕

如果长期都用这样一种传统的阅读方法的话,那我们必然就会形成一个点式阅读的习惯，阅读时的有效视野就会很小，每次可能只能看到一两个字。这种焦点式的逐字阅读对我们效率的负面影响主要体现在以下三个方面：

第一，它加强了我们的焦点意识。

第二，它启动了我们的声音控制。

第三，它会让阅读以吸收字词为主，降低对句子完整意思的理解效率。

阅读时，耳朵和眼睛是读取信息的主力，尤其是眼睛。当我们常常被这种下意识的习惯性信息读取行为所控制时，即使主观上有强烈的提升速度的愿望，我们的阅读速度也很难得到有效提升。

扩展自己眼睛读取信息的路径宽度，一开始一定会出现不适应的状态，这是因为刚想扩展读取的幅度时，由于未经练习，眼睛很难涵盖整齐的幅度，而是杂乱无章的幅度。读取的线路可能如图 1-4 一样凌乱。

图 1-4

大部分朋友读完后会感觉自己什么都没有理解，甚至感到思绪比读之前更加杂乱。但这是必须要跨越的一步，否则视觉焦点永远都停留在独立的文字上。这时的眼睛是一台落后的扫描仪。面对初期的不适感，我们要适应，给自己积极的心理暗示，随后循序渐进地踏入快速整齐扫描的高速公路，做到一目十行。

面对一开始的心理不适感，不要畏缩不前，坚持一段时间，不适感很快就会消失。我们唯一需要做的就是不断推进自己，用更宽更快的视觉扫描路径去感知文字，摆脱对单个字焦点的控制，进入对信息的读取模式，对信息的感知面将会大幅扩展。

对比一下不同人的视觉扫描路径（见图1-5），你就能知道为什么自己慢而别人快了。

我们的阅读路径包括四个类型：点形、线形、圆形、块形。对于这四个类型的分类，我主要是根据阅读速度来归类的，因为很多朋友都会跟我说自己的阅读速度很慢，所以我不知道他们设定的慢的标准和我设定的标准是不是一样的，索性就做了一个测量。测量之后我发现，认为自己读得很慢的朋友们的阅读方式，也就是他们读取书本上的文字的方式，几乎都是点形和线形的。比如：

图1-5

〔安娜的心里〕〔有无穷无尽的〕〔稀奇的事〕〔这些事都是〕〔我往常的朋友〕〔所不知道的〕

重建面式阅读的习惯

阅读速度快的人对于信息的读取方式的面式阅读，圆形和块形阅读路径都属于面式阅读（见图1-6），这种阅读方式的优势主要有两点：

（1）你的视觉和听觉相比，具有更强的信息处理能力。

（2）当你把阅读对象当做一个视觉整体抓取的话，那就是一种眼睛读取和大脑理解的直接连接。从接受信息的主动性来看，虽然听和读都是能够接受信息的，但听是单向的、是被动的，并且受制于声音传播的速度，1分钟只能听到200字左右。

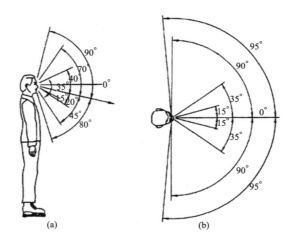

图 1-6

面式阅读还有一个很大的好处，就是它能够让左右脑得到一种平衡的锻炼。也就是说，利用掌管听说读写等语言活动的左脑，特别有利于我们在阅读材料的时候去提取里面的抽象思维的部分；同时，面式阅读还能够平衡和开发掌管空间、图形、绘画等视觉形象思维的右脑。这样在阅读时就可以双脑并用，而且可以通过左右的密切合作来处理阅读过程中获得的信息。若这个方法用在阅读上面,就不是 1 + 1 = 2,而是会产生 1 + 1 > 2 的高效,这就是为什么我们要去转换自己抓取信息的路径,重新建立一个新的习惯,让我们由原来低效的抓取路径转换成高效的抓取路径。这样一来,阅读速度就能获得极大的提升。

面式阅读的路径为什么更短呢?从生理学的角度来讲,当你看抽象的文字符号时,并不代表它进入了你的眼睛,也并不会立刻把这种理解发送给你的大脑。当你逐字逐句去看的时候,你的脑中多进行了一次转化,把抽象的文字转化成了读音。我们来做一道数学题:你的耳朵里面有 29 万个神经细胞,这些细胞 1 秒钟能够处理的信息量可以达到 8000 比特,也就是说,每个神经细胞只有平均每秒钟处理约 0.03 比特信息的能力;而如果把对方当做一个图片去看的话,那你就直接动用了自己的视觉系统,这个视觉系统内有 90 万个神经细胞,每秒钟能够处理的信息量是 430 万比特,平均每个神经细胞每秒钟可以处理 5 比特的信息。

你一旦熟悉了面式阅读,你的眼睛和大脑之间的直线的理解速度就能加快,所以应多使用面式阅读法,以能够更快地去锻炼眼球立体的视觉功能。平时由于大家缺乏特意的锻炼,因此休眠引力越来越大,甚至养成了一些降低阅读速度的习惯。比如,第一,常常停顿;第二,你能够关注到的文本距离很短;第三,你在阅读的过程中还经常会回看,这些都是减速的阅读习惯。

当我和大家分享这样一个概念的时候,很多朋友都问我转换起来难吗？其实并没有想象中那么难。人脑的潜能是非常大的，它至少可以达到同时阅读 5 本书的状态。这不是三心二意，而是让自己感受到大脑饱和时的生产力。

我们需要学习和重建的其实只有在抓取信息过程中形成的慢速习惯。这个习惯是完全可以改变的，只要能通过施加一些技巧来帮助自己度过这其中的不适状态，你的阅读效率就能够提高几倍，甚至十几倍。

那么，如何练习面式阅读呢？

请尝试在阅读时，只读每一段话的开头和结尾，随后直接读下一段话的开头和结尾。这可以促使你跳过段落中间的文字信息，而段落中间的文字信息，是你无意识状态下最容易进行逐字阅读的部分。通过这样的阅读方式，你就能够扩大文字信息的读取幅度。

一开始你可能会非常担忧自己无法理解全文或遗漏书籍的重点，其实大可不担心。写作一本书时，作者一般都会努力通过目录和小标题，展现书籍的结构和内容分配。我们翻开书籍后，段落的第一句和最后一句常常能概括本段大意或起到承上启下的作用，是有关联的。只读每一段的开头和结尾，不会让你无所适从。即使这个方法让你没读懂，再去补充看段落的中间部分，也并不是坏事，反而比一开始就逐字读的效率高。

开始练习面式阅读时，请尽量选一些有趣的或与你工作相关的读物，这些读物不会给你带来太多的理解压力，练习起新方法来，也会更加得心应手。乐观看待练习过程中的不适状态，你的阅读效率就能够提高几倍甚至十几倍。

> **知识卡** 信心、好奇心和恒心是培养长期阅读爱好的三大要素 ▶▶▶
>
> 1. 建立必要的自信心是基石
>
> 刚开始自我训练时，最重要的是建立自信心，可以选择内容简单的书籍或是自己最想提高的技能来训练自己，可以让你更快看到速度的提升。这样，在随后继续培养其他高效阅读的核心技能时，就会充满自信，有了自信就不会由于偶尔的挫败感而半途而废。当掌握相当熟练的技能、技巧后，你自己就会主动选择内容比较深、难度比较大的书籍了。
>
> 2. 好奇心是希望
>
> 希望和白日梦可不一样，希望其实更多是一种成长性思维，并且这种思维是可以通过练习来获得的。人们的思维大体上可以划分为两种类型：一类是结果型思维，一类是成长型思维，而拥有好奇心的人都是具有成长型思维的人。运用成长型思维，进行乐观的自我对话，从而不屈不挠地克服难关。
>
> 3. 恒心是投入
>
> 我们的恒心可不是持续存在的。大家可以回想一下，在我们很小的时候，甚至从婴儿时期就已经开始了，就是非常容易把注意力从正在关注事情上移开，去寻找新的注意点，这是认识新奇事物的一个方式，因此大家不必为了自己喜新厌旧、不专

注而感到沮丧和自责，真正重要的是学会利用自己容易转移注意力的本能来增强恒心。高效率的人都能够利用本能把劣势转化为优势，在进步的过程中不断培育起越来越多的恒心。

知识卡　培育恒心的小窍门 ▶▶▶

越早订立自己的目标，越容易培育起受益一生的恒心。

培育恒心要分三步走：首先是设定自己要挑战的目标，其次是锁定自己整体表现的一个特定的方面，最后是针对特定的方面做练习。这就是专家的方法，他们不会看自己已经表现得很好的部分，他们针对的是没有突破的弱点，有意识的去挑战自己之前无法驾驭的地方。这三个步骤就是专家寻求立即回馈的反应器，接收到回馈后，他们就会主动且积极的去处理这些反应，而不是任由其自由发展。

这才是坚强的完美主义者，而不是脆弱的完美主义者。为什么说他们是坚强的完美主义者呢？因为当他们主动寻找到这些回馈之后，还会反复做练习，直到达到了最初设定的挑战目标，直到之前的弱点已经强化到了熟练、流畅、完美的境界，变得游刃有余为止。

知识卡　唤醒面式阅读技能的一分钟视觉机能练习 ▶▶▶

练习要领：请让自己习惯把读取对象当做一整幅图片去看。这个一分钟练习可以从生理机能上扩大我们阅读的视觉范围，强化视觉机能，从而提高吸收信息的效率。大家可以每天都做这个练习，每天用一分钟的时间便可看到小积累带来的大改变。

摆脱声音的控制，消除大脑顽固的次级控制程序

以声音为载体的传送速度一般是240字/分钟，即使头脑中默读的语速更快，达到300字一分钟，和面式阅读比较起来也是很慢的速度。

声音最好的吸收形式，是当你进行文本阅读时，摆脱头脑中对文字发声的惯性，否则你就会永远受控于每分钟240字左右的速度。

这是一项非常实用的技术，并且还是大量阅读的基础。我们对于速度有很多误解，这种误解是由于我们对这个环节中的效能流失率没有进行过深入的思考和刻意的矫正练习，由此产生了对速度这个要素的不理解和不自信。

在电影《社交网络》里面，扎克伯格做事的速度让所有人惊讶。影片里面有一个细节：被女朋友甩掉之后，扎克伯格回到宿舍的时间是20:13，然后22:17开始动手做一款应用；到深夜两点的时候，他的同学回来提供了算法公式，产品上线之后在大学生当中广为流传；到凌晨四点，网站的流量出现异常，惊动了校方的管理人员。以上这些都是当天晚上他被甩之后，回到宿舍怒敲代码，在6个小时内完成的，而这些工作量相当于一个小型创业团队两天的工作量。

这是一个最好的时代，也是一个最坏的时代。如果你做事的速度足够快、执行力足够强，你会深信这的确是一个最好的

时代，因为每个人都能够通过各自的长处、技能、兴趣找到一个足以使自己安身立命的领域。当你做事的速度太慢，你会抱怨这个时代简直是最坏的时代。阅读也是一样的，当你的阅读速度够快而且又能够很好地理解时，就会对阅读充满信心和好奇心；如果速度太慢，你原本的激情就会一而再再而三地在拖延当中消失殆尽，心态就会扭曲。

我曾经的阅读速度一定比现在的你还要慢，直到我重新建立用看电影的心态对待文字阅读之后，才开始有了快速的提升。第一个原因我在前面谈到过，下面，我就来讲一讲第二个物理效能的原因。

刻意练习其实就是一个新旧习惯此消彼长的过程，原来你的声音功能很强大，你的视觉机能很弱。尤其是对于我这种本身对声音很敏感的声音教练来说，要摆脱对声音的控制就会更加难，因为我们的主要指令就是声音的指令。关于这一点，后面的章节还会有专门的介绍。后来我意识到，所谓的提高，其实并不是花力气与固有习惯进行内耗，而应该重新建立一个更加高效的习惯，当这个新习惯建立之后，自然而然的就会具备生长力，用于取代原来效率低下的"生产线"。

当我们提高了自己的视觉机能之后，声音的影响自然就会减弱了。人的眼睛有一个特点，就是要仔细分析特定的对象时，焦点就会缩小，在阅读时，文字就是特定的对象。这么做的目的是为了能够清晰地看清对象，这是眼睛的本能。在这种情况下，虽然眼睛也能够感受到再这个焦点周围一定范围内的东西，可是对焦点之外的这些东西的感受力并不强，久而久之，大脑就会接收到这样一个消息，说我只能吸收这么多，我只能一个字一个字地去看。但实际上，我们完全可以一次性摄取更多信息。

默读时，你的头脑中也在发声

什么是默读？默读就是虽然你的嘴和喉咙不发声，但你的大脑却在发出声音。现在，打开手机上的计时器，开始试读下面这段话：

"几年前，我被一家高级酒店邀请去为大家进行声音培训，其中有一组员工经常受到投诉，原因是电话交谈时，顾客常认为他们是在敷衍塞责，并且还总是推卸自己的责任。当我听完大家的陈述后，找到了问题的症结，原来是因为大家的声音和语气、语调里缺乏微笑的表情。"

为什么会这样？面部没有微笑表情，声音自然就不会表现出喜悦感了，久而久之，就会习惯性地减损声音里情绪的刻度。慢慢地，声音的感染力就被偷走了，即使内心很热情，但是受制于长久无表情的习惯，传递出去的声音形象也会是冷冰冰的。

回想小时候你对自己喜欢的动画片故事那种绘声绘色的描述，仿佛历历在目，那时的我们自然而然地就能感染小伙伴。可是随着我们长大成人，中庸、少说、沉默是金这类文化要素却不知不觉地限制了我们的生动化表达，我们需要做的就是把这些本能的情绪再次唤醒。

爱伦·坡在写作的时候，会充分运用对情绪的感受来完成对作品细腻、深入的刻画，写出真正具有人性的作品。他在写作时，总是会进入所写人物的情绪中，体会人物当时的想法，还会尽可能地在自己的脸上呈现出相似的表情，然后体会一下自己心中产生了什么样的情感，就好像根据面部表情来调节心情一样。

人的面部表情是最直接的情绪诱因之一，情绪是具有传染性的，这种传染性像感冒一样，并且感冒通常不会立刻变好，后续依然会影响我们的行为。比如当别人的声音向我们宣泄不良情绪，如朝我们发火、威胁我们或表现出厌恶和轻蔑时，也会诱导我们产生同样的不良情绪。

在阅读本书时，可以尝试上网搜索一些关键词的图片，当看到某人的面部表情中带有强烈的情绪，不管这种表情是悲伤、喜悦还是厌恶，我们的面部肌肉都会自动模仿。这种模仿是不自觉的，在第一时间不受我们的理性所控制。周围人的情绪变化也会影响到自己，如果交流的对象是一个特别敏感的人，你就更要注意在用声音交流时，调动自己声音里的表情。

人际交往中，或多或少都会产生情绪波动，既有正向的，又有负向的。若你激起的是正向情绪，双方都会开心；反之，就是一种糟糕的体验。而糟糕的体验时间又会远远长于开心的情绪体验时间，这就是第一印象余晖。

知识卡 测测你读取信息时，大脑认知速度被脑中的发声所控制的程度 ▶▶▶

请你有意识地去慢动作拆解和回忆一下自己大脑吸收信息的过程，是否有把文字首先转换成脑中可以听到的声音？随后再从语音的角度对内容进行理解？转换成声音的速度是一字一发音，还是只发出其中某些字词的语音呢？

第一位参与测验的人是这样逐字默读发音输入过程的：

几年前，我被一家高级酒店邀请去为大家进行声音培训，

jǐ nián qián, wǒ bèi yì jiā gāo jí jiǔ diàn yāo qǐng qù wèi dà jiā jìn xíng shēng yīn péi xùn,

其中有一组员工经常受到投诉。

qí zhōng yǒu yì zǔ yuán gōng jīng cháng shòu dào tóu sù。

第二位参与测验的人是少量字默读发音输入过程：

几年前，我被一家高级酒店邀请去为大家进行声 音 培 训，其中有一组员工经常受到投诉，原因

　　　　　　　　　　　　　shēng yīn péi xùn

是电话交谈时，顾客常认为他们是在 敷 衍 塞 责，并且还总是推卸自己的责任。当我听完大家的

　　　　　　　　　　　　fū yǎn sè zé

陈述后，找到了问题的症结，原来是因为大家的声音和语气、语调里缺乏微笑的表情。

　　　quē fá weī xiào de biǎo qíng

让我们以慢速来查看你在默读时头脑中的翻译状态是怎样的。

路径1：

虽然表面看阅读时你是在默读，听不到口中发出的声音，可大脑里进行的却是自我听读，大脑里的言语运动中枢并没有进入省力的状态，它依然很活跃地在进行"翻译"（见图1-7）。

文字——转换后出现在大脑中的大量字词读音的声音（有可能是方言版本）。

——你开始理解声音符号的意思（第一次理解）。

——当听懂这些声音之后，你开始理解声音所传输词语的意义，因为声音本身只是一种人类发明的

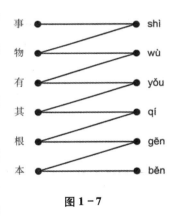

图1-7

语言传输方式，它需要被解读为语义之后，才能传递出彼此的思想。

——你再通过声音符号里提供的信息去梳理内容，以便能记住整体的意思——意义。

这就是大部分读者的阅读吸收路径，这种现象在阅读时广泛存在，是限制阅读速度提高的主要原因之一。在理解你读到的文字的时候，第一，眼睛看到文字；第二，脑中发音；第三，

根据发音去理解文字的意义；第四，当这些零散的文字意义组合起来，最终去整合和理解出一段意义完整的内容。这就是为什么你在阅读时速度特别慢了！

慢到什么程度呢？我以数字来说明，如果此时此刻你并不是在阅读，而是在面对面地听我说话，或者你想象成正在听我的音频节目，我的常用语速是240字每分钟（说话速度算比较快的一类人），这240字就是你的阅读速度，因为你大脑内听的速度和我的语速几乎是一样的。一些朋友由于语速比较慢，对应的内听速度也会降低，这是不同的人说话效率不同所决定的。

高效率的默读绝不是在头脑里复制发声，而是要让自己摆脱声音对理解力的控制，从而提升阅读速度，不再受制于1分钟只能完成200字的发声速度，通过建立新的习惯来打造读取信息的"超车道"。由于省去了发音的动作，速度快，又能保证环境的安静，便于更集中地思考和理解所读的内容，并且不易疲劳、易于持久。

让我们来看看"超车道"的状态。

路径2：文字——瞬间理解。

适当的练习将帮助我们减去多余的两个环节——文字转换成声音、声音转换为理解。此时的阅读路径就变成了：文字——理解（见图1-8）。

图 1-8

正是这两个环节造成低效并沉淀下来成为难以逾越的习惯。当减掉这两个环节，你的眼睛看到文字，脑中就能直接理解文字所传递的意义时，你会爱上这种"飞奔"感的。

消除默读的刻意练习适合从简单书籍开始

刻意练习是我们获得新习惯的必经之路，正好也是专家和我们大部分人不一样的地方。给大家举一个刻意练习的例子。有个人的传记我读了好多次，他就是富兰克林。富兰克林是一位集多重能力于一身的人，包括科学家、政治人物、作家、演说家、创业者等，为什么他能同时完成这么多任务并且每一项任务都完成得十分出色呢？富兰克林在当代有一位著名的崇拜者，查理·芒格，巴菲特的挚友。查理·芒格常常说自己写的《穷查理宝典》正是源于他对富兰克林的价值观和写作风格的模仿。

富兰克林就是一个特别善于去观察细微差异，随后经过刻意练习而不断锻炼自己的毅力，最后成长为顶级人物的例子。这就是富兰克林运用寻求反馈，找准薄弱点突破，针对特定方面做练习的方法。

练习策略是：目标对比——找准薄弱点突破——针对所缺的特定技能做练习。

我们现在很欣赏富兰克林的写作才华，但富兰克林并不是一个一开始写作水平就很高的人。他是如何通过目标对比找到自己的薄弱点的呢？在富兰克林的自传里，他分享自己从一本叫作"观察家"的杂志里收集最好的文章，他反复阅读这些最好的文章后做笔记，再把那些文章放到抽屉里面保存起来，接着就自己动笔写同样的主题，写完之后把自己的文章和原作者的文章进行比较。就是通过这样的比较，他发现了自己的文章不够吸引人的原因——缺乏逻辑。随后，他开始加以改进，不断练习，直到超越了原作者。

这也正是很多牛人的学习方式：锁定特定的弱点，想办法克服，随后再持续地加以改善。

我们平时虽然做过一些练习，但是很不幸，并没有效果。而同样只用一年时间，从同一个原点出发的对手却变成了高手，这其中的原因就是，你们所使用的练习方法完全不同，练习的强度也不同。

⚠ 选书小窍门

选择练习书的时候，请选一本内容比较轻松的大众读物，这类书既能让你快速理解，减轻练习的不适感，同时还能让你的眼睛建立新的信息读取习惯。

⚠️ **小窍门** 用外力让自己戒掉默读发声的坏习惯，抑制自己的发音器官和听音的本能

当你抑制了发音器官和听音的本能时，眼睛就不会再受到逐字逐句的牵制，从而释放出潜力，将更多的精力用于主动参与和作者的双向对话，巩固主动阅读的习惯。

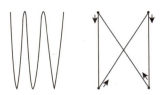

3. 强化高速阅读路径的三级跳

更多的刻意练习，帮大脑进入高速运转模式

大部分人在阅读时，视野很窄，一般都是盯着一个字或词语来吸收。而"三级跳阅读练习"可以帮助你在短时间内养成跳读整片文字的新习惯，提升阅读速度。这种感觉就像摄影技术发明之前，我们复制景物只能通过绘画的形式，需要耗时许久；而摄影技术发明之后，我们立刻就能将景物记录下来。

一开始练习时，我们可能不太习惯，会觉得自己没有理解书籍里文字的意思。不必担心，因为三级跳阅读练习的主要目标不是完全理解整片文字的意思，而是帮助自己摆脱固有的阅读习惯，推动自己学会快速扫视，开阔阅读视野。

学习要领：读完一页内容，只限制性地给自己三次视野移动的机会。

图1-9是一个三级跳阅读的示意图，请你拿出已经准备好的练习书（注意，不要选择内容难度太大的书）并挑出几页，然后用三条竖线画出像图1-9中的三级跳路线。可以用铅笔来画线，不必担心弄脏练习书。

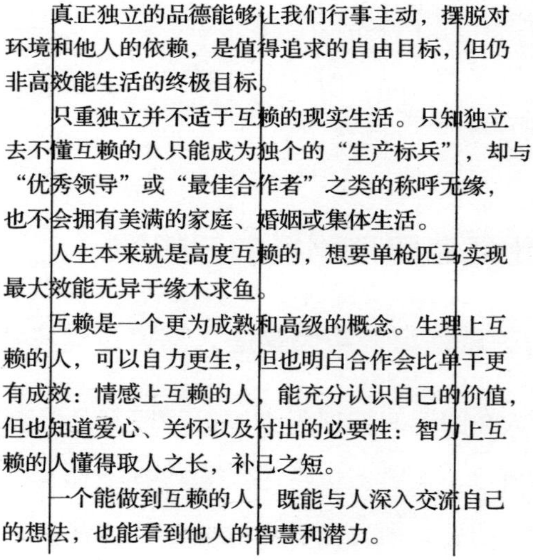

真正独立的品德能够让我们行事主动，摆脱对环境和他人的依赖，是值得追求的自由目标，但仍非高效能生活的终极目标。

只重独立并不适于互赖的现实生活。只知独立去不懂互赖的人只能成为独个的"生产标兵"，却与"优秀领导"或"最佳合作者"之类的称呼无缘，也不会拥有美满的家庭、婚姻或集体生活。

人生本来就是高度互赖的，想要单枪匹马实现最大效能无异于缘木求鱼。

互赖是一个更为成熟和高级的概念。生理上互赖的人，可以自力更生，但也明白合作会比单干更有成效；情感上互赖的人，能充分认识自己的价值，但也知道爱心、关怀以及付出的必要性；智力上互赖的人懂得取人之长，补己之短。

一个能做到互赖的人，既能与人深入交流自己的想法，也能看到他人的智慧和潜力。

图1-9

三级跳路线可视化可以给大脑限制性的刺激，加强自己对视野的主动控制而非被动运动，提前输入整体存储的指令。之所以要把这三条竖线画出来，是要给自己一个主动控制的视觉锚点，正如船要停泊靠岸会用缆绳套住缆桩，并把锚抛入水底使船身被固定住。没有锚点，你在阅读时视线会有两个极端：第一，可能很发散，读完一处马上去看另一处，视觉线条非常凌乱；第二，可能会非常集中，过度集中到个别字词上，再把一个一个的字词拼凑起来，随后才能完全理解整体的意义。

当通过视觉锚点和路线图去熟悉视线的整齐移动方式之后，你的视觉焦点就会建立起规律的运动频率，页面上的文字等视觉对象就会像一幅画一样，清清楚楚地映入你的眼中，当你抓取到自己感兴趣的文字时，再进行停留。这样你就不再是一字一字地阅读了，而是一次性地看见全部文字的集合体，先建立整体观念，并把这个整体以印象图的形式清晰地映入视觉中，随后再深化细节。我们不是读懂的，而是在看的瞬间反射性地懂的，这就缩短了在了解书籍内容过程中的多重消耗性步骤。

经常做三级跳阅读练习，就能在不知不觉中用新习惯替换旧习惯。这个过程就像收拾凌乱的房间，先对房间格局进行总体认知，随后规划空间的利用方式，丢掉占空间的废品，让小家越住越大。习惯三级跳阅读的方法后，新的阅读方式便已经融入你的习惯和思维了，潜意识中只会采用这种新的视觉移动方法，就如习惯更加整洁明亮的居家空间一样，再购置物品的时候会更加谨慎，更有消费重点。

下一步就是把三条竖线撤掉，换成两条，更进一步地扩大自己的视野范围。当你适应两条线之后,再撤掉一条,只剩下中间这一条。这时,你的眼睛只需要从中间的第一排一直扫视到最下面一排,眼睛能够看到更大的语义单元,你的视觉意识已经遍布整个页面了,只需通过最中间的这条竖线就能够清晰地理解整页信息,你的视觉机能已经被全面唤醒了。

> ⚠️ **小窍门** 别纠结于不能理解的不适感,别抑制自己的潜能

我们没能开发自己的视觉机能,是因为低估了自己的实际能力,畏难心理和自欺欺人的性格会结成联盟,让我们习惯性地抑制自己的潜力和能量。要改掉惯用的习惯并不容易,很多读者在做这个三级跳练习时,依然会误解练习的目的。这个练习的目的不是追求理解的提升,而是重建信息抓取的路径。这个路径抓取的信息量要比一字一句地读获得的更多,多到可以用整段的文字吸收率来提升速度。

每天看书的时候都可以拿几页纸来做这样一个三级跳的竖线划分,用同一个部分做练习,从三缩减到一。坚持一周,它可以迅速矫正以前我们养成的一字一句地读和视觉非常凌乱的习惯。

三级跳的具体操作方法

三级跳练习的眼睛运动路径(见图1-10,箭头为眼睛浏览文字的走动方向)。

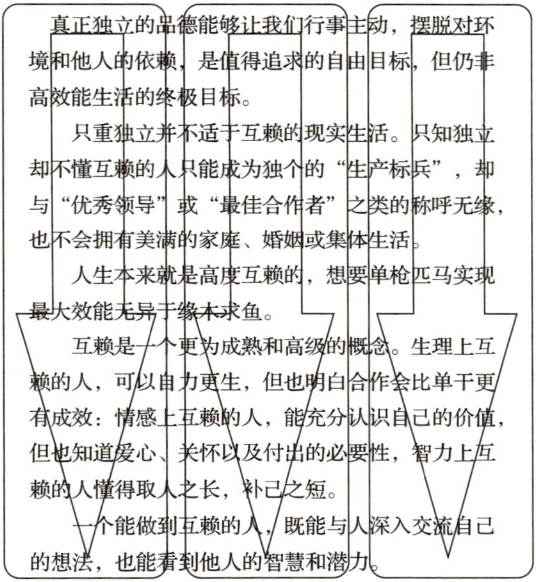

> 真正独立的品德能够让我们行事主动，摆脱对环境和他人的依赖，是值得追求的自由目标，但仍非高效能生活的终极目标。
>
> 只重独立并不适于互赖的现实生活。只知独立却不懂互赖的人只能成为独个的"生产标兵"，却与"优秀领导"或"最佳合作者"之类的称呼无缘，也不会拥有美满的家庭、婚姻或集体生活。
>
> 人生本来就是高度互赖的，想要单枪匹马实现最大效能无异于缘木求鱼。
>
> 互赖是一个更为成熟和高级的概念。生理上互赖的人，可以自力更生，但也明白合作会比单干更有成效；情感上互赖的人，能充分认识自己的价值，但也知道爱心、关怀以及付出的必要性；智力上互赖的人懂得取人之长，补己之短。
>
> 一个能做到互赖的人，既能与人深入交流自己的想法，也能看到他人的智慧和潜力。

图 1 - 10

4. 快速浏览五步走

成功抑制了自己逐字逐句阅读的习惯和头脑中的声读惯性，除了避免视觉上线性的一字一句的阅读习惯之外，接下来要避免的是对一本书从头到尾的线性阅读方式。线性阅读是一种单向的阅读方式，这种方式正如线性思维一样，会影响阅读速度。那么，什么是线性思维呢？

比如，你有一台电脑，半个月前键盘按键没有反应了，于是想修电脑。你把电脑交给了男朋友,他想一展身手,体现自己理工科的优势。于是他先拆键盘,拆了一半发现没工具,于是上网买了一些小工具。等了四五天,工具来了,终于等到能显示自己动手能力的时候了,却发现这电脑没问题。于是,键盘的问题被否定了,开始找找看是不是其他地方的问题。但你男朋友仍然以为是机械故障,在找的时候发现内部有一条线路接触不良,于是拿着小钳子拨了半天,然后发现似乎又不是机械问题。最后不抱希望地换了一个充电器,一切正常了,原来电脑根本就不是坏了。

线性思维的弊端就是,有一个想法,只有经过一环一环的排解,直到走进死胡同后才会掉头,这时才发现已经浪费掉大量时间。当脑中永远只放一个可能性的时候,效率低下就不必说了。阅读时也存在着很多线性阅读和思考的方式。

回想一下,在生活中,你一定不可能等到把一个人一生经历全部都了解之后才说你了解这个人了。你在生活中是如何判断一个人是否值得交往的?肯定是通过一些行为或合作来判断此人是否可靠。其实阅读也是如此,一本书就是一个新认识的人。如果你想快速了解对方,正如你通过谈话或行为了解一个交流对象一样,你会根据一些指标性特征对一个人有一个大体的观测,随后的内容只是去印证你的判断而已。想要快速浏览一本书,破除这种单向的阅读方式,最有效的方法莫过于从立体的角度去了解。你可以采用五个步骤来完成快速浏览和抓取的目的。

(1) 作者简介

在人际交往的过程当中,当你的朋友为你引荐一位新朋友的时候,他会首先介绍这个人是做什么的,通过这样的介绍你就能大概清楚应该怎么样交谈以及你们能够交流的话题是哪方面的。放到阅读上,仅仅是查看作者简介,你就能知道这个作者要谈什么,以及谈的水平怎么样。这样一个预期能帮助你进行第二步。我一开始必会浏览的一定是作者简介,为什么这样做呢?因为这可以帮助我了解作者主要擅长哪些方面以及说话风格是怎样的。

(2) 他谈话的主题方向

通过搜寻作者的专栏文章,你可以快速地了解这本书到底会讲些什么,这是一个大致的预想判断。如果作者是一位企业家,它会给你讲的大部分可能就是企业管理上的经验和智慧;如果作者是一名学者,书中的知识就是他本人在这个领域当中的一个知识架构。每一个人不可能什么都懂,不可能每个方面都专业,我们当然要学习对方最擅长的领域,因为很有可能在其他领域他的见解不完全正确,使你产生误解。

(3) 他的表述风格

有时候你刚遇到一个人,但觉得交流起来很费力,因为你们彼此用的不是同一种语言风格。尤其当你希望保留自己的阅读热情时,这个步骤就很重要了。比如,如果对方常用抽象语言而很少举例,但你又非常喜欢真实的案例式讲解的话,那么你会由于读起来特别费劲而讨厌阅读。这时可以考虑换一本同类话题,但语言更加口语化和生活化的书。

(4) 书籍结构,了解作者的解题思路

对于习惯了从头到尾和一字不落阅读的读者来说,了解全书结构这个方法会让他产生抗拒。不要从第一页开始慢慢地读,读结构是一个很好的应用杠杆心态的快速浏览方式。因为结构通常是体现作者解题思路的最佳区域。一本结构清晰的书,会让你理解作者是以什么方式组织信息和加工信息的,通过结构了解作者的解题思路,迅速判断书籍结构中的知识密度分布图,随后调配对应的时间进行有的放矢的阅读。而且,在结构中你还可以看到作者结构中的逻辑违和点,而从违和点开始进入全书会让你具有一种批判式的阅读风格。

(5) 扫读

扫读的方法用得最多的就是在书籍的结构上面。除了应用在书籍结构上,你还可以扫读段落的最初几行和最末几行。

为什么要练习扫读呢?用一个形象的比喻来说明。这就好像逛街,如果哪里会有超值活动,你总会很快就注意到,并且迅速出手,买到物美价廉的好货。对你而言,一整本书的内容并不都是必要的资料,现在的出版物多如繁星,如果不管内容是好是坏你都去慢慢读的话,那么你就根本没有时间去阅读那些真正的好书了。

扫读能够以更少的时间来实现比别人更快的吸收,这也在不知不觉当中锻炼了你抓重点的能力。抓重点的能力不仅仅在阅读当中可以帮到你,甚至在你与人沟通时,也能够以最快的速度去表达清楚你的重点。

扫读的重点:首先,先扫结构中体现出的关键章节;其次,在扫读其他章节时只需要看段落的第一句和最后一句等权重性关键词常出现的地方就行了,因为在非关键性章节中,只读一段话的开始一句和最后一句就能明白整段话的意思。

5. 快速概括书籍内容的"1+N公式"

所谓概括,其实就是根据书的结构将每个结构点下的关键词提炼出来进行完整叙述,帮助大家梳理书本中的内容,以唤醒大家对重点的记忆,节省阅读时间。

我在概括书籍时曾经犯过一个错误,因为书中的概念太多,而我概括得像俄罗斯套娃一样,一层扣一层,最后把自己都搞得混乱不堪。概括的重要性是在于能把一本书里模糊的结构重新组合,以最清晰的方式呈现给读者。不妨一开始就让自己找到高水平的快感,从而让自己爱上向别人讲书、分享书,这正是阅读和口才双丰收,何乐而不为呢?

　　锻炼自己的概括能力时,可以从容易概括的书籍开始,这是因为这些书籍能帮我们更快找到总结和概括的方法。有很多书籍本身结构就极度不清晰,容易让概括的人思维混乱。与其这样云里雾里,不如一开始就挑选那些好概括的书籍,培养自己概括的感觉。可读性强的书籍本身就自带化整为零的思考结构,使读者可以不费力气地轻松提取结构。一些结构罗列得很好的书,次级主干不会特别多,不会像一棵未经修剪的树,而是像一棵精心栽培的、有主有次的景观植物。当遇到本身的结构就很完善的对象时,你的高效归纳会很轻松、舒畅和简单,只需要做简单的化零为整或化整为零的组合和拆解就好了。

> ⚠️ **小窍门**　从可读性强的书开始练习快速总结和归纳

　　可读性强的书籍有几个鲜明的特点:

　　第一,语言简明扼要,与我们大脑中的声音控制系统使用的是同一套语言表达方式,转化起来比较简单。

　　第二,结构简单明晰,一般不超过三级,几乎不会有俄罗斯套娃一般的多级复杂结构。

　　第三,说明的问题几乎都是当下最实用的一些问题,让你很快能和自己的视觉系统相连接,不至于因太抽象而无从下手。

挑好了书，怎样高效归纳一本书的内容呢

1+N 公式：这个公式是我在解读书籍时的一个高效武器，它具有很强的适用性。事实上，用好这一个公式，几乎任何书籍都能被完美地解读（见图 1-11）。

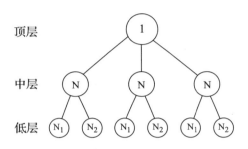

图 1-11

什么是 1+N 公式

一个观点或知识呈现为一本书，常常需要变成零散的知识点。快速高效概括一本书的过程就是将这些零散的知识点关联整合，形成完整的知识体系的过程。阅读这本书的过程，就是你去识别这个主题下不同层级枝干的过程。

你首先需要识别出这本书的核心主题，核心主题就是本书的那个 1。这本书到底讲了什么？用一句话来归纳出核心主题。其次，找到这本书里能够支撑起这个主题的 N 个次要信息，也就是分题的小信息。成书一般是两种模式，即 1 个大主题、多个小主题，或者多个大主题、多个小主题。

以 1 + N 公式为结构，又可以做 4 种内容与形式的组合。

组合 1：观点 + 方法论的组合（见图 1 - 12）

一些书籍的特点是，多个小观点组合为一个最终的价值观进行输出。就像《正义者联盟》一样，每一个都是超级英雄，都有自己的打法，这些超级英雄合并起来的正义联盟代表了同一个价值观念的总体输出。

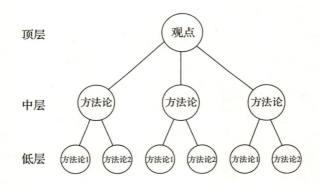

图 1 - 12

代表书籍：《联盟》

组合 2：关键词的组合（见图 1 - 13）

在概括一本书的内容时，把关注的重点放在一本书可以分成哪几个部分上，随后要关注这些大的部分又提到了哪些知识点，这些知识点往往都是以关键词的形式出现的。随后把这些最重要的信息全部呈现在这样一张简单的表格上，整本书不同小知识点的关系就很一目了然了。随后，再用你的语言把这些小知识点的关系连接起来。

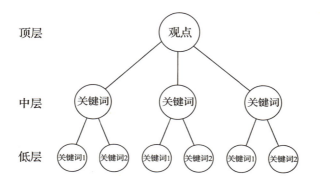

图 1 - 13

代表书籍：《少有人走的路》

组合 3：故事情境的组合（见图 1 - 14）

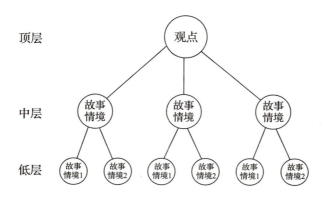

图 1 - 14

代表书籍：《向前一步》

组合4：案例的组合（见图1-15）

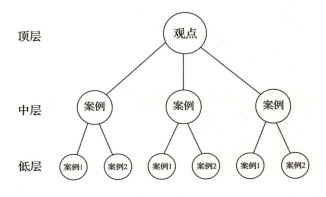

图1-15

代表书籍：《思考快与慢》

> **知识卡　概括提炼示范** ▶▶▶
>
> 组合1模式：观点+方法论的组合
>
> 一句话总结：
>
> 为你揭秘：如何建立创新所需的新雇佣关系，使企业立于不败之地。
>
> 书中的N个观点：
>
> （1）什么是留住人才的有效方法？
>
> （2）如何与员工建立长效合作关系？
>
> （3）如何同员工建立信任？
>
> （4）应聘有人脉的人，为企业获取情报。
>
> （5）鼓励员工使用社交媒体的重要性。
>
> （6）建立"人脉基金"，帮助员工打通人脉。

N 个观点的核心内容

1. 利用任期制，让人才为你长期效力。

任期制指的是，将员工在公司工作的这段时间进行重新规划，变成一系列连续的任期。每段任期有明确的时间限制，且随着任期时间的延长，任期的性质也会逐渐发生改变，员工与企业的关系也将层层递进。

2. 与优秀员工搭建长期人脉关系，才是企业立于不败之地的关键。

同事联络网是将人才变为人脉最有效的手段。不但要联络现员工，还要注意维护与离任员工的关系，这对企业发展具有至关重要的作用。

3. 通过诚实对话建立信任，在转变期的企业要与员工开诚布公地沟通将来离职的可能性，明确企业与员工在合作期间的目标和任务，让双方心里有底，以便更好地工作。

4. 帮助员工扩展人脉，为企业获取情报。应聘有人脉的人，在一开始招聘时，你就可以询问他"最强大的职业盟友是谁？"以此来判断他的实力。

5. 鼓励员工使用社交媒体。员工使用这些媒体可以扩大自身影响力，找到自己的人脉节点，以此帮助企业获得更多的信息。

6. 人脉基金，是指企业定期为员工扩大人脉提供的专项资金。比如，报销员工的社交午餐费，给员工提供资金，让他们邀请优秀人才共进午餐，只要他们能有所收获。这种做法不需花费多少精力，只需要一项政策和极少的开支。

三、读后记不住怎么办

1. 遗忘并没有那么可怕

从小没有人教过我们"清空"的技术,所以我们总是单方向地囤积资讯,于是手机不断收到各种推送却从不删除,久而久之会造成两个结果:第一,内存满格,进度条停滞,再也打不开新的图片。第二,由于没有限制性的自我要求,以至于我们不会主动去提高自己选择的技能,永远都活在被动选择的低下效率中。

你有没有过这样的体验,当看到朋友圈一篇很好的文章,你会把它点击到收藏夹。但此后是不是就再也没有打开过?如果你每天花在微信上的时间超过两个小时,而又有收藏文章的习惯,你很可能会每天收藏那么几篇留待未来查看,日复一日,一个月你就能够收藏几十篇,一年收藏上百篇,但是从此再也没有打开过。不信,你此刻可以打开朋友圈的收藏功能,看看这些信息碎片是否已经像叠罗汉一样越积越多?

我们的社会仿佛弥漫着一种错失恐惧症,所谓错失恐惧症,就是一种仿佛总是害怕失去某样东西的心理感受。这种情况不仅仅出现在朋友圈中,包括在阅读时,我们也仿佛被一种阅读魔咒笼罩着,无法遗忘。除了文章收集和购书焦虑,我们的物质生活也存在这种由于担心错失而引发的"囤积"。环顾四周,看看我们生活的空间,有很大一部分人的生活被杂物占领,失去了对所需之物的主动权,最后的结果很可能是荣登"月光族"。这种喜欢"囤积"的行为影响着我们的思维习惯,以至于我们从来没有意识到,适当的遗忘是一个提高效率的步骤,头脑也需要进行断舍离。

正副手的和谐搭配

人如果在阅读之后总感到自己记不住,久而久之就会升起一种失落感。毕竟,既然读后什么印象都没有,所花的时间看不到产出,还有必要继续吗?这又会升起一种负面的心理暗示,时时出现在你的心头,久而久之,对阅读的兴趣就会越来越淡。人在失落的情绪之下很难让记忆保持鲜活!怕忘记,本身就是一种心理压力,在这种暗示下,你会由于担心遗忘而无法发挥遗忘的优势能力。

这种失落感如果我们不能及时地调整,就很容易让建立起来的阅读热情慢慢消退。那何不反过来思考，我希望忘掉哪些不相干的东西？这种状态就像你去看一部超级无聊的电影，很容易就会在影院里睡着，等到朋友推你说"快看，这里好精彩"，你便会睁开眼睛，记住看到的那一幕。

记忆管理着我们的"财产"，锲而不舍地帮助我们累积经验、知识、技能等智慧财富。这位管家还有一个"副手"，这个副手就是遗忘——负责过滤，过滤无用信息和细枝末节。"遗忘"这名副手如果干得出色的话，就能让我们的记忆管家更高效地去记住真正有价值的信息，也就是我们所说的"经典"。因此，遗忘是一项很重要的本领，我们只有遗忘某些低效的思维框架，才能建立起更高效的思维框架。保持健康的生活方式、均衡的饮食及轻松愉快的心情，遗忘那些占用你大脑内存的内容，长此以往，头脑才能保持活力，拥有最佳的记忆力。

积极地看待遗忘，才能更好地运用遗忘。记忆与遗忘是组成我们美妙人生的正副手，记忆扮演着我们大脑管家的角色，它有一本账本，分门别类地记录各种信息。记忆看不见也摸不着，但从我们出生的那一刻起，甚至更早，它就在不停地记录、归类和管理那些值得存储的、五花八门的信息。只记住有价值的，忘记无关紧要的。

2. 声音记忆和图像记忆

如何更高效地提升记忆效率？大家之所以认为自己的记忆效率不高，正是因为平时没有锻炼自己的高速记忆方式——图像记忆。每个人都同时使用两种记忆方式：声音记忆和图像记忆，但我们平时在阅读时习惯使用声音记忆，而完全压制了图像记忆方式。

为什么看完一部电影之后能立刻绘声绘色地向别人描述？即使是现在，我们也都能回想起小时候给我们留下深刻印象的角色。这正是因为你只记住了最打动你的部分。可为什么对文字却不行呢？这个时候很有必要了解一下自己的大脑了。我们记电影和记文字分别是怎样的记忆过程，两者有什么不同？通过对这个过程加以了解，便能适时地对自己进行一个提高。

我们的大脑分为左脑和右脑，这两部分分别记忆和处理不同的信息。左脑是语言脑，主要是采用声音记忆；而右脑是图像脑，主要采用的是图像记忆。声音记忆方式是线性的，大部分人觉得自己的记忆效率低下是因为主要采用了声音记忆的方式，也就是在阅读时其实是在死记硬背。为什么说声音记忆在阅读的时候效率比较低下？我们一起来回顾一下，进行声音记忆的时候你要做的第一步是什么？

从表面上看，阅读只是眼睛与书本之间的联系，可是这个联系的背后却有四个步骤。第一步，识别文字；第二步，将文字转化为脑中的声音信息；第三步，逐字理解声音信息；第四步，理解整体概念。你不妨现在闭上眼睛，回忆一个你最熟悉的人的电话号码，看看你的大脑当中会出现什么。大部分人回忆的时候首先出来的是一个声音念出这一串数字，而不是这串数字的形象。没有图像，这就是我们的声音记忆在起作用。

提取记忆的时候，除了一个声音在头脑中回想，其实你大脑当中什么都没有，没有情境，没有表情。如果回忆的对象更加复杂呢？这时如果再继续使用声音的线性记忆方式，那么就会造成两个结果：速度太慢和回忆失真。这样一来，你就理解了为什么需要转换传统的记忆方式。声音记忆对我们的影响很深，比如，读绘本时，你会下意识地首先去看书里面相对应的文字，而不是试着去直接看图。

什么是图像记忆

很多读者会说，我不知道什么叫图像记忆，我从来没有用过图像记忆。这并不是真实的情况，其实我们都是图像记忆的天生拥有者。举一个最熟悉的例子，当你从手机里面翻出任何一张图片，你都能立刻回想起来与这张图片相关的细节。你拥有这种过目不忘的图像记忆的能力。

每个人都看过电影，当看完一部长达两个小时的电影走出电影院时，你一定能回忆出电影大概的情节和主角的样子，但可能不记得主角说了什么台词。

那么你在回忆电影情节和人物模样的时候,大脑当中会出现什么呢?是不是有情节的图像画面,而且还是动态的?这就是你在运用自己天生的图像记忆能力,并在你提取记忆时很直接地显现在自己的大脑当中,中间根本就没有经过一个转换的过程,你的记忆过程就由原来的四个步骤大大缩减了50%,因为这时的记忆过程只有两个步骤,那就是看和记。想想看,你在看电影时需要跟着读吗?当然不需要。

使用图像记忆的方式并不是让你去重新获得一种新的能力,这个能力是你天生就有的,我只是帮你将它唤醒而已,以便把这种潜能更好地调动起来。通过一些练习,你就能学到如何把这种能力运用到你要记的各种信息上面。调动你看电影时的记忆激情,记录抽象的文字,把大脑的运转效率加以升级。

启动图像记忆,进行感知阅读

成人之后,我们的图像记忆就慢慢萎缩了,因为成人的社会是巨大的由抽象符号组成的社会。我们总是用符号去记录符号,用抽象去理解抽象。

阅读时,你使用图像记忆方法的原理其实很简单,就是把需要记忆的对象转化成一幅图景。我在阅读时,每一次读到抽象的文字,就会自动联想与文字相关的图像故事,通过想象来快速调动脑海中的图像感知与所读的文字进行匹配!

感知阅读的方式并没有想象中那么难，当我读完一本书，觉得它的内容太抽象的时候，我会去自己印象中的电影资源库里搜寻有没有和这本书的内容相类似的电影故事，来帮助自己更好地理解。因为在看电影的过程当中，我们很少有信息接收的负担，只会有一种天然的亲近感和放松感，因为整个电影都是在用图像诉说着故事，所以我常用这种方法来进行这两种感知的转换。为了锻炼自己感知阅读的能力，我还会合理搭配不同阅读材料的比重，文字材料是一部分，图像材料是另外一部分。举例来说，如果这个月我要着重锻炼自己的感知能力，我就会把我的图像阅读的比例提高到 80%。

生活当中的画面我们也要尽量去记住，因为这些画面只占我们记忆存储空间的很小一部分，但这部分图像存储空间是非常活跃的。当你在书本上看到很多抽象符号时，就会立刻想起相对应的生活图景，你的理解就会快速地转化。

如果我们能够恢复小时候那种想象力和把一本书生动地表达出来的能力，我们的知识就会自然而然地转换成为永久的记忆了。我自己就会经常用这样一个方法：不管在读什么样的书，我都会把它重新写成一本我脑海当中的故事书。每次遇到朋友或者是在我主持读书会的时候，我都会分享最近读了哪本有意思的书，其中讲了一个什么样的故事。你可能会有所疑惑，如果遇到一本枯燥的工具书，该怎么用故事化的方式讲出来呢？

本书的高阶篇介绍了这种故事法，可以活化你的大脑，大家可以跳过这个部分，先去阅读。

3. 提升记忆自信的多感并用法

什么是多感并用法？人有多重感官，每一个人的不同感官的敏感度是不一样的。比如我对声音特别敏感，而哲学家可能会对抽象符号很敏感，数学家会对数字特别敏感。我们每个人只有在用自己最敏感的方式进行信息接收时，才能够实现高效记忆的效果。

主流的文字记忆和阅读方式并非是阅读行为的唯一方式，我们的记忆感官变得越来越迟钝的原因，就是我们一直锻炼的是自己并不发达的那个感官。这个问题解决起来并不难，从现在开始，你在阅读同一主题时，尝试着自己去收集多种感官的材料，然后再来回顾反馈，看自己在哪种材料的吸收上效率是最高的，你就能知道那是你的主导记忆通道，而其他感官材料的补充就只是帮助你把这些内容记得更立体、更完善。

《地球上的星星》这部电影讲述了因材施教，成就一名天才画家的故事。一个学习新内容特别慢的小孩，是所有老师眼中的"问题学生"，但是有一位不放弃他的老师。这位老师认识到这个同学吸收信息的方式和大家不同，于是开始把教学内容转述成"因材施教"的图像版,让孩子理解了基础的教学知识。这位老师还发现了孩子独特的绘画天赋,他说服孩子的家长,让孩子着重发展自己的视觉语言,最终成就了这个孩子。这部电影的故事内容也许很平淡,但是它告诉我们,每个人都有自己不同的记忆方式。我们熟悉自己的记忆方式之后,再使我们的多重感官记忆更加丰富,便既是对原来的补充,又能发现更高效的记忆方法。

我来还原一下我阅读历史类书籍时的知识吸纳和记忆方式。我通常在了解一个主题知识时,会先搜集与这个主题相关的多重材料。这些材料既是针对我们不同的吸收感官,又是多个维度的互相补充。同一个主题,你从不同维度加以吸收后,便总会有一个维度让自己轻松记住这些内容。

电影维度:唤醒图像记忆。

当阅读历史类书籍时,我首先会搜寻相关主题的电影、电视剧来预习。这是一种轻松愉悦、无负担地了解故事梗概的方式。看电影或电视剧的时候,人们会本能地将看到的画面、情节,听到的声音记忆在大脑中。如果体验的是 5D 电影,那么嗅觉、味觉、触觉等也会被你牢牢记住。看完电影后,你还会发现,自己不但记住了这些栩栩如生的形象,还记住了这些形象出现的先后顺序。

展览维度:加强图像记忆。

文化艺术活动中少不了各种展览,这些展览通常蕴含着丰富的知识、信息。如果阅读时感到无趣了，我一定会去搜寻信息，确认当周是否有与阅读主题相关的展览。如果有，我会去现场观看，参加讲座，向主讲人提出我的问题和困惑。这可以帮助我多角度、多层次地理解正在阅读的书籍。

音频维度：补充图像记忆中语音的缺失。

通过听音频学习，已成为人们生活中的新习惯。音频解放了人们的双手，更重要的是，音频平台的主播会把原本非常艰涩难懂的概念、理论转化成生活化的语言，十分形象生动。这会帮助你快速理解和记忆，因为这些知识不再高高在上，而与你生活的世界紧密相连。

文字维度：配合唤醒前三种记忆链接，打通多条记忆通路。

当我通过以上三种维度吸收信息，再回到书本上时，阅读感受已经不再是单一的了。虽然我读取的依然是书本里的抽象文字，但由于大脑中已经提前"导入"了资料，这些资料又相互联系、补充，我便能更加轻松地理解书籍中的知识。

换句话说，这是给自己主动安排了四条记忆通路，条条大路通罗马，多维度配合会让你的记忆过程立体又高效。当你习惯了看4D电影后，再回看2D电影，你会发现已经不习惯了。我们应该用更丰富和更高效的感官来替换原来单一的接纳途径。随后，这不同的记忆通路就在你的脑海中激活了。激活之后，你在阅读任何一种载体时,都会提醒自己其他载体的内容。这时候,就相当于在自己脑海中自建了一个 4D 空间。神经网络被激活的神经元会越积累越多。而这种越积累越多的神经元,会让我们与外界的新旧联系也越来越多。

4. 在生活中唤醒多重感官

很多人认为,那些拥有超强记忆能力的人拥有很大的记忆容量。其实这是一种误解。我发现,对待同一次旅行,孩子的记忆容量大于成年人的原因是在于,孩子们记录事情的时候是用图像方式,所有经历的事情会自然而然地在孩子脑海中生成一张张图片,当你询问孩子旅行当中有什么开心的事情时,他会立刻调动出这些清晰细致的图片,然后再用语言来描述这些图片的细节和意义。

如果在成长的过程中能一直保持这种图片存储的能力,那么面对同样的场景,我们的记忆会快很多。许多绘画天才在短时间内看到周围的环境与人物之后,都能像照相机一样,快速地回忆并用画笔记录下来画面。在电影《香水》中,对气味特别敏感的调香师认识和记录世界的方式就是通过嗅觉。这样的案例在美食界也不胜枚举。现在有越来越多能够唤醒我们感官记忆的方式,比如有香味电影放映厅,一边看电影,一边还能闻到电影当中的气味。

这类感官调动得越多，你会运用得越好越敏感。我在旅行中也有意锻炼和调动自己的多重感官，比如在不同城市的知名商业街录制一段城市的音频，保存起来，以此锻炼自己对不同城市的声音辨识能力。这成为了我的一种触发机制，提醒自己是拥有多重感官的人，了解世界的方式是多种多样的，不仅只是用眼睛。从此你就会养成一种习惯，当你接触到更多新鲜的信息时，自然会用更丰富的方式接收和记忆。

四、没时间读书怎么办

1. 管理你的阅读精力

在建立阅读习惯时,一定要警惕消极的条件反射,而心理暗示可以说是人类最简单的条件反射,大体上分为积极的和消极的。而消极的心理暗示又总比积极的更加强大。比如当我对你说"不要想粉红色的大象"时,你的脑海里出现的偏偏就是粉红色的大象。

这样的句义还会延伸出很多你不易察觉的形态,比如销售领域就经常应用这些消极的心理暗示来刺激人们的购买行为。房地产市场总宣传总量稀缺,这就属于消极的心理暗示。这样做的结果就是,即使数据显示土地资源充足,我们也依然觉得只有买了才能消除资源不足所引起的紧张感。在紧张和压力下,人们容易做出错误的判断,降低自己的效能。我们可以让自己避免被大脑欺骗，而不能重塑我们所感知到的现实。

因此，当你尽量用积极关键词替代消极关键词进行暗示时，剔除掉其中与否定性内容相关的词语和暗示词，你会更加高效和积极地行动。比如，你常常对自己说"我的效率很低，读得很慢"，不如改成"我有极大的空间可以提升我的阅读速度"。日常生活中最常见的心理现象就是心理暗示了，利用好心理暗示的力量，可以让我们的阅读更有效率。

没有时间读书其实就是一种消极的心理暗示，这是伪命题，我相信任何人都有时间进行阅读，但是由于我们总是在无意识当中告诉自己：我没有时间去阅读，这种消极的心理暗示才会不断地损耗你本来就很稀缺的注意力和精力。

我们可以把"没有时间读书怎么办？"转换为"我要如何去管理自己的精力，才能有更多的时间用于阅读呢？"因为很多时候即使你有时间，你也是给了其他运动，比如打游戏或看电影，而没有选择阅读。所以我认为这并不是时间的问题，而是不会管理时间的问题。

我很喜欢参观展览，但是每次我都到得比较晚，几乎都是处于两小时内必须逛完的状态。管理阅读的精力和时间与参观展览有很多相似之处。展厅有一个开门和关门的固定时间，我必须要在限定的时间内参观完展览。碰到参观全球性大型展览的时候，怎么办呢？

首先，我会先去展馆内的咖啡厅坐一坐，好好看一下此次展览的主题分布。其次,决定我在不同展区的时间和精力分配,这要结合自己想看的作品和本次展览的重点作品。最后,按照这个步骤去严格执行,不轻易改变,这样才有可能完成目标。如果一味地随心所欲,即使每一秒钟都利用得很精确,也依然会让你无法达成目标。

张五常先生曾经说过一个方法,对我影响特别大,他说厌书不如饿书。所谓饿,就是处于一种总吃不饱的状态。每天在读到最精彩的片段的时候,突然停止,这种戛然而止的状态会不断地"撩拨"你,想着第二天一定要继续读下去。这种方式能够让我们避免对书籍产生厌食感,反而能够让我们对阅读处于一种始终饥饿的状态。第二天可以稍微比前一天所读的量增加一点点,这样就会始终使你处在一个匀速上升的状态中。慢慢地,你的阅读总量会比原来进步很多。

2. 阅读管理的最优法则

从自己的知识个性出发

很多人觉得只有阅读书籍和抽象的文字才是获取信息的唯一方式。其实并不是这样,我就要给大家更新一个全新的观念——知识个性。

即使我们强调阅读纸质书很重要,但这并不是吸收信息的唯一方式,因为信息有很多种呈现形式。任何一个知识点我们几乎都可以找到相关资源：纪录片、专家访谈、主题书籍、相关电影等多种信息源都可作为学习资料。

我在和不同的朋友交流时，发现有人能把电影故事讲得绘声绘色，有人能通过快速实践解决技术难题，这正是因为每个人都有自己快速学习的方式。只要你找到自己的知识个性，随后搜寻符合自己"口味"的"食材"，就能极大地提高效率。人们吸收信息的方式主要有三种类型：视觉型、听觉型、触觉型，没有哪个方式适用于所有人。比如，看主题电影和纪录片就尤其适合视觉型读者。

让阅读更加高效简单的第一步是从我们每个人的特性出发，给自己吃对味的食物，而不是千篇一律地用同一种食物喂养所有人，我们先发掘出自己的知识个性，认识自己。

那么，怎样去发现自己的知识个性呢？

要判断自己的知识个性，最简单的方法是留心自己的日常表达。因为人对主要学习通道的选择不仅仅体现在对信息的接收敏感度上，当我们通过语言向外界传递信息时，同样会展露出一些痕迹。比如一个以视觉型为主的读者，往往会说我看懂了，看上去进展不错，或者不难看出等。一个以听觉型为主的读者嘴里可能经常会说我听懂了，听上去不错。强调触觉的人则会常说感觉挺好，我觉得还不错，或者会说我有预感这件事情能成。

每个人独特的行为模式背后都有一个自己最擅长的感官渠

道，在信息吸收时，如果用好自己起主导作用的感官渠道，那么吸收信息的速度会有明显提高。在建立信息吸入系统之前，先多做自己的听众，留心自己的表达风格，熟悉自己的知识个性，之后就会有的放矢，主动去搜寻同一个议题下的不同表达。

视觉型的读者通常喜欢看书，而且书中的插图和表格越多，他们理解起来就会越容易；而听觉型读者印象最深的莫过于听过的信息了，所以对于这部分的读者，不管是朗读还是讨论，只要经过口头处理的知识，他们都能够很好地去理解和记忆；而触觉型读者需要亲自试验自己学到的每个步骤，只有这样，他才会觉得自己是真正理解了知识，并以此积累经验，也就是人们常说的边干边学、学以致用。如果非要在书本上去阅读一整天，对他们来说简直就是一个最大的煎熬。

3. 利用碎片化时间，找到"门当户对"的情景

很多人都觉得需要大量的、连续的时间才能够好好看书，碎片化的时间很难利用起来，久而久之就没了阅读兴趣，也很难养成阅读习惯了。这是因为我们对时间的认知总会抱着这样一种不切实际的态度，认为时间应该是大片且大量的，事实上，大家忽略了一个基本事实：碎片化才是生活的常态。整体是部分的总和，如果我们能利用好每一个碎片化的常态时间，整体上就能持续精进。

我对此发明了一个"门当户对法",为碎片化时间找到门当户对的情景,做好内容"填空题"。

人们的生活习惯差别很大,如果只是从时间角度去谈如何能够找到时间用于阅读,而抛开每个人每天具体的生活情境的话,那意义并不大,反而是本末倒置了。久而久之你会变得越来越沮丧,你会发现学了一堆管理时间的办法,可是用到自己身上还是做不到,最后归结于自己意志力不够强,也许自己不是读书的料。在阅读时,时间管理的最优法则应该是以生活当中的情境为出发点,把方法和工具作为辅助,这样我们每天就能够在情境当中意识到可以多出一到两个小时的阅读时间。

> **知识卡** 门当户对法的心法口诀:两个方向,两种形态,两块时间 ▶▶▶
>
> 两个方向指的是你自己最喜欢了解的和你自己最需要补充的知识。
>
> 两种形态指的是实体书和电子书。很多读书达人分享经验时都提到两种形式都采用,最重要的是阅读的体验,而不是教条地认为只有阅读纸质书才是读书。
>
> 两块时间指的是固定的和碎片化的读书时间。

让我们一起来回忆一下一天的情境,在情境中去具体展示如何运用这个口诀。

（1）早晨这段时间，头脑还没有太多的负担，因而适合阅读一些开启新知、振奋精神的书，大约是30分钟到1个小时。

（2）在大城市中，大部分人都会花一两个小时用于通勤，不建议这个时候用手机，因为用手机阅读特别容易受到各种微信、短信、邮件的打扰。如果是坐地铁，可以用电子书读上几十页。如果通勤的路途中比较拥挤或者颠簸，可以听有声书。

（3）与人约好见面之前会有一个等待时间。如果你常常需要和别人见面沟通，那在等待过程中会有一段不受打扰的阅读时间。我建议养成提前十几分钟到场的好习惯，不仅可以给对方留下一个很好的印象，在等待的过程中还可以进行一些碎片化的阅读，比如一些内容优质的微信公众号内容。

（4）在出差途中，高铁和飞机上绝对是阅读的好场所，因为几个小时的旅程足以读完一本中等篇幅的通俗读物了。当身体到达目的地的时候，精神之旅也结束了。这样一段愉快的旅程，你还会觉得无聊吗？

（5）周末你会有大块的自由时间，与其把时间浪费在睡觉和无聊的事情上，还不如用来阅读。除了阅读，周末还可以做一些输出性的工作，比如参加线下的阅读活动，做一次主题分享，也许就能够为你开启一个新世界。当然，你没有必要花费整个周末来阅读，抽出一个或两个半天是比较合理的安排。

（6）晚上8点到10点之间应该是你最宝贵的时间"自留地"，这块时间适合于有计划的严肃阅读，比如可以阅读职场技能相关书籍，或学习专业性较强的知识。如果每天能利用两个小时的话，你一周完全可以看完一本篇幅适中的书了。

（7）晚上睡前我推荐可以看一看轻松的睡前读物，这也是一个帮助你入眠的好方式。

这样梳理一下，你会发现自己并不缺少阅读的时间。

五、如何实现大量阅读

1. 如何建立庞大的知识体系

> **知识卡　建立庞大知识体系的三个阶段** ▶▶▶
>
> 初期：站在巨人的肩膀上。
>
> 中期：持续学习完善。
>
> 后期：进阶调整。

短期内想要实现大量阅读，最重要的一步真的不是吸入足够多的量，而是站在巨人的肩膀上。

站在巨人的肩膀上，你可以抽取现成的框架来作为自己的知识体系。有了这个出发点，便可以再寻找这个知识体系下的相关二级书籍和资料来看。实现弯道超车的方式，最大效能就是在领路人这个环节，因为他可以为你提供一种看问题的视角，这种视角通常都是领路人多年亲身实践后的总结。

这种切入的角度就是非常关键和宝贵的，他们总能提纲挈领地用很通俗的方法来让你了解一个领域的完整体系。一本好的书、一个好的课程、一篇好的文章都是自带目录框架和较为完整的知识体系的，这些内容就是值得我们花精力去寻找的巨人。

当一览众山小时，你会对整个领域的知识有一种更加宽广的视野，不至于只见树木不见森林。一开始的宽广视野让你在需要进行大量阅读的时候，不会过多地纠结于细节。

虽然有了短期大量阅读的高度，虽然站在了巨人的肩膀上，但是想要像作者那样真正理解深入却并不容易，仍然需要你持续不断地深耕细作。首先，设定好自己要挑战的目标。其次，锁定自己知识框架的一个特定的方面。最后，针对特定的方面进行扩展阅读。这就是专家的刻意练习的方法，他们不会看自己已经理解得很好的部分，他们只会针对没有突破的那个薄弱的知识点，有意识地补充自己之前没有办法驾驭的地方。

随着你对知识的理解加深，对这个主题的知识有了更全面的认知，如果觉得原来的知识体系不够合理，可以进行调整，以半年或一年为期。通过这个方式，能了解到在这个领域中不同时期大家的共识性知识的主次。出现得越多，说明正是大家在这个时期彼此都在引证或谈论的方向，再从中挑出重点主题进行深入研读，当这个重点主题已经达到学习目标后，可以从次要主题中再挑选一个作为重点主题研读。管理大师德鲁克就是通过这种方式每三年进行一次自我更新和进阶调整。

2. 建立个性的信息过滤机制

在输入——分析——输出的过程中，大量阅读是输入端，只是为了了解情况，而不是为了细致分析。最重要的是在输入端学会捕捉自己所需，舍弃无关紧要的部分。人们总有一种担心失去或错过什么的焦虑心情，这种"错失恐惧症"的天性会让你在吸收信息时无法做出提高阅读效率的取舍。如果你深受"错失恐惧症"的困扰，刚开始在输入端用好一些外部设备的过滤辅助功能，主动避免自己被信息淹没，是提升阅读效率的实用方法。

过滤的过程就是一种舍弃的艺术，不断舍弃低密度的低层级知识，通往高密度的高层级知识，因为内容是否为高密度决定了输入端的质量。信息来源贵在"精"而不是"多"。一定要花精力研究知识含金量高的信息来源。同样是媒体，哪些是"国际"的，哪些是"小道"的？同样是知识分子，哪些是"专家"，哪些是"砖家"？在信息爆炸的时代，过滤能力将帮助你形成格局更大的世界观。RSS 阅读器使我们用最少的时间，快速获得最多的主题话题。这种垂直内容聚合的阅读方式，主动把垂直话题汇聚到一起，帮助你快速找出话题所在的层级和观点的浓度，使你不必陷入无效信息的海洋里，不必在外围知识上绕圈子。

你可能会觉得这和一般的常识完全相反，人们通常认为知识掌握得越多越好，但因为琐碎的小选择而失去快速完成体系整体认知的例子比比皆是。一个在海边玩耍的孩子有时候会因为发现了稀奇的小石头或者美丽的贝壳而沾沾自喜，却完全忽略了面前一望无垠的大海。网站出于盈利的需要，往往会在页面中设置很多的广告和弹出框，时不时地打断你的阅读体验。但是通过 RSS 阅读器，你将只会看到最纯净的内容，因为其提供了更加明确的搜索选项，就像我们眼睛的聚焦功能一样，它不需要你付出更多额外的精力，而是让机器为你做好了这些自动化的事情。

为什么不让机器为你工作呢？要不要了解一下外部信息过滤机器是如何运作的？

搜索是 RSS 阅读器最基本的功能之一，与传统的搜索引擎不同，阅读器搜索能够屏蔽掉互联网上大量的无效信息。过去，你浏览新闻可能需要一个一个地打开网站，还要在网站的各种板块分类中刷内容，整个重复的过程就是对于时间的极大浪费，现在你可以在一个地方浏览所有已经关注的站点的信息更新。RSS 阅读器通常都会自动更新内容并且把最新的内容排列在一起，这省去了你在不同站点间频繁切换、浏览和搜索的工作量，更省去了你查看信息发布时间的工作量。这就遏制了我们在不同信息之间分类和跨读的低效率，而不必在信息的机械挑选上浪费时间，节约出的宝贵时间和精力将用于阅读真正具有智慧浓度的书籍。

RSS 阅读器的操作过程并不复杂，直接在 RSS 搜索框中输入高质量的网站新闻源名字（可以通过排名和评级机构的报告找到知名的新闻信息、专业信息、行业知识等信息源），输入之后，RSS 就会自动开始订阅对应的内容，并且时刻保持更新。我们需要做的就是不断以更高密度、更高质量的新闻源取代低密度、低质量的新闻源。

另外，内部信息过滤机制该如何运作？从占有资料升级到掌握资料就在于大脑中设置的内部过滤机制。机器帮助你搜集到资料以后，请别忘记你的目的只是查阅，而不需要细读。应随时提醒自己，首先快速浏览结构，了解大致内容，对不同内容的重要性做出首次评估。随后，挑选"独特处"进行阅读，用大脑进行二次存储，这时候一定要把搜集来的资料进行记忆"脱水"。我记忆时，很多不重要的地方都忘记了，我只记其中最"独特的"部分，也就是一个话题或一本书的闪光点，随后再根据闪光点的引导去回忆这本书的独特观点，把没有价值的内容去掉。我们太担心忘掉每一处信息，以至于什么都记不住，其实，一本书或一场谈话，有一句话让你记住并有所运用就足够受益了。

六、提升阅读吸收率

1. 别人的方法对自己有用吗

读的时候好像什么都明白,但书一合上就什么都不知道了,这是阅读的大忌。除了浪费时间之外,更严重的是,没有效果会导致以后不愿意继续阅读。这会使你的阅读心流状态无法被启动。为什么别人的方法放在你自己身上就没有用?学了一堆技能和方法,也是从同样的起点开始,为什么别人的效率高而自己的效率低呢?表面上看,大家阅读的都是文字,但每个人的经历不同,与作者能产生的交集也不同,这又会让不同的人对同一件事情产生的理解深度也不同。

接下来,我们进入升级改造阅读操作系统的另外一个环节,理解环节。打通理解环节,提升阅读吸收率的方法包含3个方面,分别是:交叉、联想和行动。只有能找到与作者的经历和认知有交集的描述，能够对一件事情完全理解并深度参与其中的时候，才会有一种无法停止的感觉。我们小时候常被教导兴趣是最好的老师，正是因为兴趣激活了我们那种忘我的投入和吸收状态。

如何找到知识的交集

第一步，注重交叉主题的汇聚。

所谓交叉主题，是指某个主题的知识可以应用到另一个主题中，比如心理学和营销学、心理学和交互设计。营销常常利用人的从众心理和互惠心理；交互设计常常利用人的认知习惯，给用户提供符合习惯的更好体验。通过正面、反面的思考，可以挖掘更丰富的知识，也可以帮助我们加深对所学知识的理解。

建立交叉主题的核心方法是建立知识之间的关联。所谓关联，有两个方面。一方面是关联思考，构思知识的多种用法。学到一个知识后，问自己：还有什么现象可以用这个知识解释？另一方面是反向思考，探索事物背后的原因。遇到反常或有趣的事情，问自己：为什么会这样？有什么理论或知识可以解释？有哪些相似的事情？

第二步，联想。从已有知识的角度去输入新的内容。

为了提升理解力、获得更多的知识，你必须要有一种意识，就是不应该仅仅记住新知识的名字。即使你的记忆力很强，仅仅记住知识的名字，学到的也只是一堆词汇。这就好像网状结构中那些没有与原来的丝线紧密相连的部分一样，会随风飘走。

若新的内容不能成功融入知识体系当中，记忆也不会保存长久。

第三步，行动。哪些行动有助于提高阅读吸收率？

（1）实践。这个环节主要靠自己。通过实践，我们可以对知识有更深刻的理解和认知。

（2）总结。总结可以让我们今后不必从零开始，有经验的铺垫能让我们借用之前非常宝贵的经验，从某种程度上讲就是节省宝贵的时间。效率提升的一切关键都是时间的节省或者时间的不断复制。总结的过程就是对方法论进行沉淀的过程，沉淀得多了，就会总结出规律，开启更多节省精力的大脑自动驾驶系统，用最高效的方法在专业领域积累更深刻的认识和突破。

（3）分享。分享是将总结的内容教给别人。总结是分享的基础，分享是总结的目标。在分享的过程中，还能不断建立个人的品牌。

2. 启动自己的生物钟

我们想要学习某个东西或者研究某件事情，都会快速找到相应的辅导手册和网站。但是当我们谈到世界上最复杂、最重要的一个生物体，也就是我们自己时，几乎没有主动去寻找过这方面的知识。没有一本关于如何使用自己的说明书，而这种使用说明书完全可以帮助我们了解如何使我们自己这台超级生物计算机变得更加高效。

音乐的节拍、电影的节奏、事物的生长、人体的新陈代谢，万事万物都有自己的节律。几乎所有的生命都有自己的生物钟，这个生物钟控制了我们40%的行为规律，也是我们协同效应得以实现的本能驱动。2017年的诺贝尔生理学或医学奖颁给了发现昼夜节律分子机制的三位美国科学家，这个系统与我们的生理和行为有着广泛的联系。

当你了解自己的生物钟之后，你会清楚地了解你在哪个阶段吸收效率是最高的，不至于对自己的低效率做无谓的责备，或被负面情绪所笼罩。不懂得尊重节律，会把有限的精力消费在自控内耗中，浪费了有限的能量。人的状态是有高低起伏的，不可能随时都精力充沛、充满干劲，因此必须有策略地使用自己的自控力并利用自己的状态，要把最高效的状态用于完成最重要的事。对自己的生物钟进行有意识的管理和针对性的使用，将使你在阅读时更轻松、更愉悦，理解从而也会更快速、更主动。

我们人类的大脑会产生不同的脑电波，脑电波的震动幅度不同，代表了大脑不同的积极兴奋度（见图1-16）。震动幅度最高时，正是大脑最兴奋、最紧张的时候。震动幅度最缓慢时，代表大脑进入了我们所说的无意识和休眠状态，这时会有一种朦胧的睡意袭来。而当震动幅度比较平稳的时候，你的主观体验是一种更加轻松愉悦的心情，这是大脑最乐于接受新知识的时候。研究表明，小孩的脑电波一直都是处于震动幅度比较平稳的状态,所以他们的知识吸收率非常高。

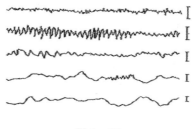

图1-16

合理利用自己的生物节律,更有利于我们的脑电波维持在这种轻松愉悦地接受新知识的状态,大脑也会记住这种理想状态。而当你的阅读安排和自己的生物节律不一致时,我们的身体就会形成本能的排斥。大脑的认知资源有限,每一次排斥感的产生都会消耗掉宝贵的大脑能量。因此,想要提高阅读效率,就应该最大限度地避免这种"浪费"。

这一点其实很好理解,当你在自己注意力和记忆力低下的时间段进行高难度学习时,效果通常不会太好。高效阅读也需要我们自己做好自己的生物节律管理和注意力管理。不要用意志力硬抗分心,而要顺势引导。要接受分心,在分心时加以引导,只要不让分心失控,即能在总体上保持专注。

由于人体生物钟的变化,大脑皮层不同区域的功能也在时时发生着变化。

【8:00—11:00】这个时段人们最为清醒,适合阅读一些复杂的、需要逻辑推理的书籍,最好把最难懂的内容放在这个时

段去阅读。这个时段是组织计划写作和进行一些创造性阅读活动的最佳时间。

【12:00—14:00】情绪在这个时段是比较容易达到高潮的，适合进行一些商业性的阅读。

【14:00—16:00】下午的低沉期，困乏，如果这个时段想要进行阅读活动的话，应尽量避免选择纯抽象的、乏味的阅读内容，而尽量选取有趣的阅读内容。

【16:00—18:00】身体开始从低沉期中解脱出来，思维又开始活跃了，所以这个时段是适合为了攻克某一个课题而安排的有计划、有目的的定时阅读时间，也就是你的长期黄金阅读时间。

【17:00—19:00】这个时段不建议大家进行阅读，因为人体的体温在升高，做一些锻炼会有助于你在晚上顺利地入睡，并能提高你的睡眠质量。

【19:00—22:00】这个时段适合进行一种讨论式的阅读，现在有很多在线讨论社群，这也是一个很好的学习方式。

【23:00—24:00】如果你想要利用这个时段的话，就不建议再阅读很严肃的内容了。这个时候适合读一些轻松的杂文，短小的篇幅最适合。

当你了解了自己的生物节律之后，你就会扬长避短，在低潮期适当地去调整和安排好自己的生活，并提高自己的适应能力，减少生物节律的不良影响，充分利用生物节律的高潮期来获取理想的阅读效率。

七、阅读画像让读书更专业

1. 把事情清晰地展现出来

美国加利福尼亚州多明尼克大学教授马修斯研究发现，只要把事情清晰地展现出来，最后能够成功的概率会提高三倍。

这个规则适用于大大小小的事情，当然也包括阅读。把事情清晰地展现出来，就好像你到一个新的城市，一定会首先查阅这个城市的地图，而不会毫无方向地四处乱走。中国有一句老话叫"凡事预则立，不预则废"，而阅读画像就是帮助我们把"预则立，不预则废"这样一种思考模式放到阅读实践当中。

当你的脑中开始有一个阅读画像的时候，你的信息组织方式就会从原来非常零散的组织方式，变成一个有组织架构的会赋予你的信息坐标和意义的一种新组织方式，这时候你便有了一个完整、清晰的认识和指导地图。地图越来越完善,你的目标会越来越清晰,抵达目标的路径也会越来越优化。我以知识金字塔的形式来呈现这张阅读画像(见图 1-17)。

图 1-17

莱布尼茨的阅读画像

莱布尼茨在很多领域都有惊人的成就,他的多才多艺甚至可以和达·芬奇相媲美,涉及数学、物理学、力学、逻辑学、生物学、化学、地理学、解剖学、动物学、植物学、气体学、航海学、地质学、语言学、法学、哲学、历史学和外交学。他是研究符号的大家,比如微积分符号就是他首先采用的;他还进行哲学和逻辑学研究,发明了机械计算机。

他 14 岁进入莱比锡大学学习,16 岁获学士学位,17 岁获硕士学位,19 岁完成博士学位论文并通过了答辩,但莱比锡大学拒绝授予他博士学位,因为他太年轻了。

莱布尼茨是一名追逐着自己的研究兴趣学习的终身学习者。

他曾因为自己改变兴趣而退学去了纽伦堡的阿尔特多夫大学，提交论文，并立即获得了博士学位，而且最终还拒绝了阿尔特多夫大学的聘请。

莱布尼茨一生追求系统化和结构化，探索任何知识都要从源头开始梳理，这种系统化和结构化的思想也就是知识应用的源头。莱布尼茨最大的特点就是，他追寻事情总是要从源头开始。甚至在当一名图书管理员的时候，他也要重新建立一遍这个图书馆的图书管理系统，尽管这给自己带来了巨大的工作量，但他从不抱怨。源头性知识正是金字塔顶端的知识，这部分知识在目前我们生产的知识总量中占比并不高，但却是影响人类发展的核心动力。对于金字塔顶端的这部分内容，也是他花了最多时间和精力研究的内容。从图1-17中可以看出，应用型的知识是当今生产得最多、传播得越来越广的知识，却是学霸型人物的典型代表莱布尼茨所投入研究时间最少的那部分知识，除非他打算重新建立知识体系。

读完莱布尼茨的传记后，让我倍感惊讶的是，他何以有这么多精力来完成如此多的从抽象到具象的事情？后来我发现，当一个人具备了深度思考的能力时，很多问题都会迎刃而解。于是我开始把自己所读的书籍进行汇总分类，画出自己的阅读画像。一对比，我发现自己的阅读分配正好相反——思想类源头性知识所占的比例最少，而应用型知识所占的比例最多。想要拉近与学霸思维框架的距离，就得像玩魔方一样，慢慢地把自己的知识框架拼成更全面的地图，拓宽自己阅读能力范围以外的阅读区间，进入真正的深阅读。

我们要不断舍弃那些知识密度低的浅阅读内容，而去追求知识层级高的内容。假设看一本书需要 3 个小时的时间，你一年看 10 本书，也就是花了 30 个小时的时间成本。如果这 30 个小时阅读的内容都是知识密度很低的故事和不成熟的思考，那这里面真正能获取的知识量可能就只有 30 分；但是，如果你放弃阅读这些并不成熟的内容，而是读一些知识密度极高的严肃、专业的书籍和文献，那你的知识量可能就是 300 分，甚至是 3000 分，这就是为什么你读的不少，反而效果一般的原因——因为知识是分层次的。

现在出版的很多书籍都是关于个人感受和体会的，这些书籍的内容不一定是错误的，但是知识含金量并不算高。对于这一类的作品，即使读了很多，也很难真正提升自己的能力，甚至会被误导。对于每天都会忙于工作的我们而言，必须要考虑阅读内容的知识密度问题。高效率的阅读者一定会主动甄别自己的知识来源，主动去学习和获取那些知识含金量更高的内容。这样，我们就会自动地在自己身体和大脑里面建立一个结构化的过滤机制，拥有一个平衡高效的信息收获。

2. 深阅读，让你具备核心思考能力

没有人的知识是万能的，而且我们无法学会所有的知识，但我们却可以学会让知识产生思考的能力。人类所有的知识都

是对这一整体研究的部分尝试,世间万物都是一个相互作用的整体,当你把这些知识结合起来,贯穿在一个思想框架中时,就拥有了综合思维的超常能力。不是 1 + 1 = 2,它产生的是炸裂式的巨大能量。在社群中交流的时候,很多读者都会表达自己的焦虑和担忧。

第一,他们觉得自己的速度太慢了,很焦虑。

第二,他们会觉得自己根本就无法理解书中的内容,读了之后什么也记不住。

一个问卷调查的结果显示,有 54% 的人觉得他们的阅读效率其实是在原地打转,如果你也是其中一员的话,会有个好消息要告诉你:阅读画像可以让你走向真正的深度阅读。

其实这样的担忧每个人都会有,而要减轻这种焦虑,需要我们把单纯的情绪变成可见的路径。在路径中,我们能找到弥补的方法。

我是一个崇尚减法生活的人,在各方面,我都喜欢通过减法的方式去做归纳和整理,阅读画像的操作方式也一样。

要怎样去画自己的阅读画像呢?

第一,把自己一年内读过的书籍进行分类并统计主题比例。

应按简单的 4 个层级进行分类,因为层级太多会使你思路混乱。信息过多的结果就是你再也不想去归类和统计,你甚至还会有强烈的挫败感。

第二,看看这些书籍分别在金字塔层级中的哪一层,这样你所"花费"的阅读投资就一目了然。

第三，回想一下，你在提升阅读层级的过程中有过哪些困惑。写下来，写得越丰富越好。

有些人就写了好多，比如时间不够、自制力太弱、不知道怎么选书、选的书总是不去读等。每个方面都尽量写下来，眼见为实，人类天生的心理倾向会觉得没看见的东西不可信，无法可视化的东西也特别容易被遗忘。

第四，哪些知识有助于你解决这些困境？

最后，给这些需要的能力排个序，从最需要的能力开始，挑选补充能力工具中最好用的。

也许你缺少很多技能，你想立刻变成一个能量满格的超人，但把精力平均分配去弥补不同的技能只会让你事倍功半。补充技能这个环节最重要的就是能够确保先专心，把重要的技能先补上，不会手忙脚乱；它还可以帮助你不被小事分散注意力，以免影响整个阅读能力的提升。

我发现，在做阅读画像的时候，可以不断摸索自己的阅读习惯和阅读投资方向，这是一个长久的动态优化过程，随着它的升级，你的阅读层级也在不断地提升，虽然时间长度相同，但你获得的知识投资回报率却在不断提升，让你更加接近于人类智慧的源代码。

第二阶段

一、如何跨过阅读倦怠期

二、如何进入主题阅读的大门

三、掌握知识的框架与核心

四、如何让知识融会贯通

五、跑题,意外发现的绝佳时机

六、归纳,提升信息质量

七、探索,思考我们思考的过程

一、如何跨过阅读倦怠期

1. 在大脑中重建新程序

当"坚持"变成了"煎熬"

建立一个新习惯的初期通常是大家热情高涨的时期。这时的你仿佛刚获自由的马儿,初尝脱缰的味道,仿佛可以连续奔跑几天几夜。一开始完全不需要运用其他技巧,学习的热情就非常浓厚,这种浓厚的热情持续一个星期通常是没有问题的。

当这种初期兴奋感渐渐退去后,人就会或多或少地出现倦怠情绪了。倦怠情绪出现时,"坚持"就会变成"煎熬",平稳度过倦怠期,真正的奖赏才会随之而来。在养成阅读习惯的过程中,能否战胜处于峰谷的倦怠感,才是真正决定能否养成阅读习惯的关键。

> **知识卡** 怎么测试自己是不是进入阅读倦怠期了 ▶▶▶
>
> 当你面对自己的阅读目标时,已经不如刚开始般兴奋和积极主动,表现出懒散、注意力不集中、情绪不稳定、烦躁易怒等状态,很可能就是你的倦怠情绪袭来了。

不妨先来了解一下倦怠的形成,看看倦怠是如何符合我们的生理规律和心理规律的。

还记得去健身房办的卡吗?你鼓足勇气,信誓旦旦地对自己说:"这次办了一张这么贵的年卡,我一定能坚持,只要不出差,我每天下班后都去。这样算下来,每天就几元钱的健身成本,和每天上下班的通勤费差不多。"然而实际情况却是,你激情澎湃地买了一堆运动服,前两次的热情高涨之后便再也没去过。

再试试推敲为什么会这样?于是开始抽丝剥茧,发现自己头脑中的小怪兽总是侥幸想:"反正这卡是一年的呢,以后还有足够多的时间去。"结果,明日复明日,直到时间余额不足时才恍然大悟,原来每一天的使用成本根本不是几元钱,而是如此昂贵的每次 2500 元。这时,健身顾问给你打电话说:"明年我们有老用户优惠,继续充费享受 5 折优惠。"这就是为什么即使打 5 折,对于商家而言也依然是一门好生意,因为你的倦怠概率远远高于其他人。个体是这样,群体也一样。从群体心理模型的特点来看，人越到后期，不去践行的概率会越大，这笔生意赚钱的概率就越大。这就是生活中可以看得见的典型的倦怠型商业模式，赌的就是你过不去的倦怠期。

倦怠型产品通常都会有一个特点：初期免费，或者参与成本非常低。免费是降低你的心理门槛的最有效方式，让你更愿意进入赌局中来，因为它赌的就是你不会去实行，所以必须要有你的启动参与，否则就做不成你后面的生意了。但是你却相信自己可以轻易做到，忽略了完成任务所需要的不同阶段的不同策略。

这些靠对赌型营利而快速增长的公司提示了我们，以结果为导向的对赌大多都会输的。我们之所以选择，只是抱着一种依赖于他人的侥幸心理，这只是告诉我们自己有多么不信任自己。结果也不足为奇，因为倦怠情绪而输掉对赌的人一定是多数，否则，任何一种习惯，通过结果导向的对赌外力就能轻松实现，那我们岂不是一身技能傍身，早已登上人生巅峰了。

我们的身体是一台自动节约型的机器，重要的不是开始时的态度，而是对过程负责的态度。拍脑袋决定的事情往往不会长久，缺乏来日方长的态度注定了很难真正做到细水长流。节约型器官的显著特点是一旦感受到"建立新习惯"的威胁时，就会自动唱反调。因为这个节约型器官本能地喜欢保持在比较舒适的状态，变化被它视为威胁。但是，为了不让大脑的主人不高兴，它会自动形成一套讨好主人的条件反射：对新事物三分钟热度！

我们无法持续勤奋的身体原因正是这种节约特质让大脑产生了一种习惯重力，这个习惯重力就像地心引力一样牵引着你。你要想离开习惯重力，首先需要不断燃烧提供能量的燃料；其次，不同行进阶段需要补充的能量燃料还要有所不同。结果型契约之所以成功率很低，正是因为我们在这两点上完全没有付出。结果型契约中不存在中途的补给，也就是给予持续鼓励的方式，而仅仅存在一种以结果论英雄的单一划分。结果型契约注重的只是最终结果，而不是对过程的管理。

大部分不能坚持到底的人都是因为在没有注重对过程监督的前提下，盲目乐观地以为只要结果目标就能达成，因此对自己心理倦怠期所需的鼓励不敏感，导致在实行过程中没能及时播下让习惯坚持下去的种子。

重建过程型契约，创造保持习惯的连续性

如何才能成功减肥？如何才能保持节约？如何才能做到早睡早起？如何才能戒烟？如何才能养成学习习惯？这些我们日常经常提到、听到、想做却常常半途而废的事情，坚持不下去的原因是什么？

鼓励自己锁定目标并不能帮助你达成目标。如果真是这样，我们只需要动动嘴巴，每天喊出"加油，坚持减肥"就不会受

困于日益增长的脂肪了。真正保持身体健康的决定性因素是生活中热爱运动的习惯，更重要的是持续的过程。当你享受整个运动的过程时，才不会三天打鱼，两天晒网，持续的过程对你而言也就不再是痛苦和迷茫。

与结果型契约相反，过程型契约注重在前进的过程中持续投入吸引力。吸引大家持续参与的典型商家之一就是游戏制作公司。设计游戏的典型思维就是注重在游戏中培养连续性，游戏公司精确洞察了人类的心理共性，并且据此开发出让人欲罢不能的游戏升级策略。

游戏设计者踩准人类心理情绪出现的阶段，在关键节点上投入不同的刺激点，让玩家能持续投入精力与金钱，这是对过程进行持续鼓励的典范。玩游戏时，你会惊讶于刺激点总是会准时出现，并连续性地投入。当你最后沉迷于游戏时，这个新习惯就永久性养成了。因此，过程型契约的缔造者会主动创造变化，让目标实现的过程不至于太枯燥，以保证能推动习惯进入新的惯性跑道。

习惯就是在脑中设定的程序，当大脑把固定而重复的行动化为无意识的重复动作时，习惯就永久地形成了。比如，你早就习惯了一边听音乐一边和人聊天，但是你却没习惯同时阅读两本书并能高效分享书中的核心观点。其实，高效的阅读行为也可以变得像每天刷牙一般轻松自然，只需要你通过创造变化来持续鼓励它，把它推动到无意识的省力状态。

人类有95%的行为是在无意识中进行的，而大部分的无意识行为都是通过习惯产生的。每天坚持刷牙并不需要消耗你的任何意志力，因为这已经是你大脑自动设定的固定程序了，它会定时定点地运转。大脑会记得习惯的形成与未形成，这对于大脑而言是一种随时运转的固定程序。

任何事情，其实你都能够在其中找到让自己感兴趣的一面，关键就是要去关注令自己愉快的那个部分，关注这个积极面。请首先专注于让自己感兴趣的那个部分，从感兴趣的话题开始，最终就能够真正喜欢上阅读。

当你阅读某一类型的书籍，觉得实在读不下去，没有办法完成这个月的阅读量时，可以选择自己感兴趣的书籍，让阅读的习惯得到延续。把关注点投射到目标的进展上，而不是结果上时，目标自然就会达到。

找出任何活动中能让你感兴趣的部分，并专注于它们。在倦怠的情况下，它们就是我们所需要的动力。比如，做运动让你很痛苦，你却依然可以发现和选择自己能感受到乐趣的运动。坚持跑步对你来说很难吗？但很少有人不喜欢平静的清晨，因此请尝试着去爱上清晨的户外，这样你自然而然就愿意在这个时间段尝试着运动一下了，哪怕只是散步也好。阅读对你来说很有挑战吗？你可以听一些你感兴趣的有声读物，以此来培养阅读兴趣。

> **知识卡**　**主动告知他人自己的进展就是对进展负责,可以从以下几个渠道开始** ▶▶▶
>
> (1) 告诉身边的朋友你准备在这个月完成的阅读量,然后定期告诉他们你的进展。
>
> (2) 告诉书友你的阅读量目标,邀请他们一起督促你对自己的承诺负责。
>
> (3) 把目标发在朋友圈里,然后定期更新,这样,你不仅公布了你的目标,而且对目标的进展负责。很多人经常会公布几天后就不能坚持了,而且还会把原来的信息删掉,因为内心不希望别人太了解自己到底进展到哪一步了。这是典型的打退堂鼓。
>
> (4) 加入一个与你的目标有关联的社群,并告诉成员你的目标,在你产生倦怠情绪的时候可向他们寻求鼓励。
>
> (5) 把你希望完成的阅读量和进程放在自己办公桌上或者你一眼就能看到的其他场所。即使你当时在这个过程中出现失败,没关系,最重要的是,你尝试了对进展负责。

你主观认为的毫无进步,其实并不是没有进步

我们给大脑设定新程序的过程,正如我们在不同操作系统的电脑上输入指令的过程。还记得我刚使用苹果操作系统的初期,大脑还在想着原来的键盘标识,尤其是几个常用按键的变化,很难建立键盘指令变化后的快速条件反射,着实犯了很多次错。

你可以回想一下，自己以前学习乐器、语言或者其他任何新鲜事物的时候，总会有不开心的阶段。这种不开心的情绪正是我们大脑本能的对抗情绪。但是随着练习，你出错的概率越来越低，完成同一个目标所需的时间也会越来越短（见图2-1）。你很少注意到自己的微小进步，因为在改变发生的瞬间，你的大脑都被这种不开心的情绪所笼罩了，以至于你根本无法客观地去统计自己进步，并最终被这种情绪所欺骗，觉得坚持没有效果而放弃。

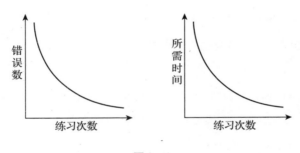

图 2-1

大脑天生就不喜欢不确定性和不舒服的状态，每学习一种新鲜事物的时候，由于对新事物的"操作系统"不熟悉，因此很快会激发出大脑的敌意情绪。大脑之所以会拒绝改变，甚至还会发生错误，正是因为我们向它输入了它从未感知过的信息。此时，你需要耐心地教导它、提示它：这是新的规则，你慢慢就会熟悉的，别紧张，别焦虑。

当熟悉了新"操作系统"的大脑再次接到你输入的新规则

时,这套运转更高效的系统就会跑动起来。它从"孩子"变为"成人",今后解决同一个问题所需要的时间越来越短,出现的错误越来越少。当你看不到改变发生时,选择放弃是十分正常的情况,但这种放弃实在是太不划算了。

　　人的个体特征虽然存在多样性,但是心理特征却存在很多共性。虽然我们的大脑是一部省力的机器,但同时也是一部懂得自动升级的机器。大脑自动升级的目标也很简单,就是为了再次达到最省力的状态。来看看我们真实的前进曲线吧。**你主观认为的毫无进步其实并不是没有进步,每上升一个平台都有一个必经的拐点,只是这个拐点并不明显,但只要你在倦怠时继续坚持,就一定能看到拐点的出现**(见图2-2)。这个拐点会出现在我们日常生活和工作的各个方面,比如减肥,比如做营销。

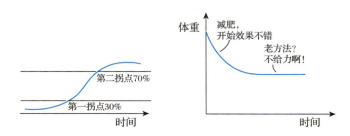

图2-2

　　想要体会不断进步的美妙感觉,就要掌握度过倦怠期的关键要素:创造变化!此时已经不能再用枯燥的纪律性指标去要求自己了,适当的变化才是有益的行动,有效地添加创意是让习惯成功延续的关键。

具体做法是，可以在原来的行动计划上发挥创造力，增加一些不同寻常的内容。比如你进入跑步倦怠期时，可以通过改变跑步路线来增加变化；进入阅读倦怠期时，可以通过去自己从书籍中了解到的地方旅行来增加变化。或者，你还可以通过计划新的习惯来增加挑战性，给自己新的刺激，用崭新的心情促使自己产生动力。就像对宠物定期投食一样，也可以给自己的倦怠阶段投入变化性刺激。科学的鼓励让我们既不会因太过乐观而受到打击，也不会因太过保守而没有使技能得到提升。

> **知识卡** 创造变化，让目标实现的过程不至于太枯燥——克服倦怠的三个有效方法 ▶▶▶
>
> 　　做一件事情，有一个"战友"陪伴更能坚持到底。在倦怠感来临的初期就要察觉它并控制它，不让倦怠感蔓延，有效办法就是通过创造变化来让自己感受到陪伴，战胜它就容易得多。
>
> 　　当跨过这段倦怠期之后，对养成阅读习惯的畏惧感就会自动消失，你会发现以后再也没有干不成的事了。我就是用这种方法养成了不间断阅读的习惯。
>
> 　　你可以通过三个方法寻找到这种陪伴感，克服倦怠情绪。
>
> 　　（1）为了建立习惯的连续性，你需要在计划完成80%的时候，开始计划下一个阶段。
>
> 　　（2）见一位书友，与书友交流读书心得。
>
> 　　（3）组织一场读书会并作为主讲人分享自己的读后感。

2. 升级阅读层次，建立更高水平的认知

哪些广告让你大吃一惊

想要了解认知模型是如何被重塑的，最好的理解方式莫过于了解广告创意对我们的认知进行重塑的过程。

广告的本质是说服，通过向我们输出刺激性信息而说服我们进行购买，只有被说服的消费者才会产生购买行为。这个说服就是让你理解"发言者"思维的过程。如果我们看清"发言者"是如何说服我们购买一件产品的，就可以知道我们的认知是如何被"刷新"的。

广告创意播出后，可能会让消费者发出"哇"的一声，这背后所做的努力就在于"刷新"消费者已有的认知，重新定义一个让消费者可以理解的新认知，随后再推出符合这个新认知的产品。因为只有你的认知覆盖这个产品之后，才有可能购买这个产品。

客观世界对我们的刺激大体上可以分为如图 2-3 所示的三个方面的感知，只有当一个对象至少刺激到这三个感知中的其中一个时，你才会产生行动的倾向、产生思考，进而改变行为。

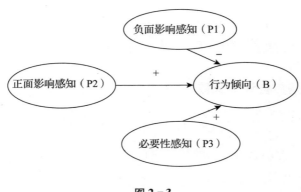

图 2-3

比如，不同的人对待空气净化器持不同的态度。当从外部的舆论氛围中意识到现在的空气质量很差时，便刺激了负面影响感知和必要性感知，你才会去购买空气净化器。如果外部的舆论环境从来不谈论现在的空气质量，也许你根本就意识不到空气质量存在问题。

如何突破阅读舒适区并找到新的知识兴奋点

人总是习惯性地待在自己的舒适区里，阅读也是这样——我们总能找出众多合理的借口拒绝成长和改变。人只有真正认识自己，进而自我分析、自我觉察，才能不惧怕自己认知范围外的恐慌性知识，将认知层层推进到更高效的运行轨道上。

如果一个人总觉得自己是正确的，本质上来讲，这是一个人落后的认知系统导致的结果。事实上，我们的认知系统如果不够开放的话，就很难知道自己的位置在哪里，因此总会从自己的评判角度出发。所有认知更宽广的人都曾经历过这个阶段，从舒适区走向学习区，再从学习区走向恐慌区。他们为了进行自我迭代，会主动去搜寻学习区的内容并进行自我提升，而不是沉迷于舒适区的共鸣中不断阅读，只为验证自己是正确的。

想要升级自己的认知，就要像那些让你大吃一惊的广告一样，首先就是给自己建立新的刺激概念，随后进入这个概念的领域，从没有意识到有意识。

一本好书带给你的冲击力和一个好广告带给你的冲击力是相同的。比如，当你的阅读速度很慢时，突然认识了一位阅读速度很快的书友，你受到了刺激：为什么别人的速度这么快？于是你觉得自己很有必要提升阅读速度，便向对方请教，对方告诉你："我读书时从来不一字一句地读，都是一目十行的面式阅读。"那什么是面式阅读呢？对于你而言，这就是一个新的概念，是你原本的认知中没有的。

让自己变强的方法就是每天难受一点点。比如做平板支撑，最后十几秒时身体抖得像筛糠，但过去这十几秒就好了。坚持跨过舒适区之后，你会真正体会到每天让自己难受一点点的好处。

阅读也一样，只有脱离舒适区，把自己放在更开放的知识视野里面，才能够获得更全面的认知。当我们感知的概念越多时，生活就产生了越多的可能性，你就能越快地进入事情的本质，行动能力和效率也就越高；能够改变生活、改变自己，重塑自己的可能性才越大。

> **知识卡　脱离阅读舒适区的具体方法** ▶▶▶
>
> （1）给出新的概念，购买30本你原本一定不会读的书，一定要做到平均每周读一本舒适区之外的书。
>
> （2）建立新概念与你的生活习惯的连接，寻找现象级的故事让你加深对概念的理解，每天早晨和晚上睡觉前大声地连说三遍"我要脱离阅读舒适区"这句话。
>
> （3）坚持在日记本或笔记本上写观念更新日记，同时寻找更多生活在这个概念中的人，提出问题、扩大认知，解决自己的疑惑与诉求。
>
> （4）解决诉求后重新审视自己的观念，经过检验的观念更会让你笃信不疑，并尝试运用新的观念去解决一个问题。

二、如何进入主题阅读的大门

1. 主题阅读帮你提升效率

完成一项主题阅读至少能锻炼你的三项能力,这三项能力都是提升你阅读效率的重要能力。

第一项能力是快速阅读,不再受困于逐字逐句的阅读方式

你有没有发现,你一旦确定了研究主题,就能在各种信息中自动抓取与主题相关的重点,仿佛这些内容是发出磁铁般的吸引力自动跳跃出来的,毫不费力就能获得。

有一次我在做主持人时,主讲人分享的主题是童话,并且以安徒生的童话故事作为案例。于是我在台下听讲时查询了更多关于安徒生童话的内容,但是吸引我注意的并不是安徒生所写的童话故事，而是安徒生曾经因嗓子坏了而被皇家歌剧院扫地出门的故事。我之所以忘记了其他信息而记住了他经历的这件事，正是因为当时的我在进行关于嗓音重要性的主题阅读。如果说零散式阅读是旅行时的走马观花，那主题阅读就相当于一次深度的体验式旅行。

主题阅读并没有什么深奥的，不过就是内心强烈的好奇心或者最棘手的问题迫使你为了解决自己的困惑而进行的阅读。其实在生活中做很多事情时就是在做主题阅读，尤其是遇到自己需要的知识或自己感兴趣的话题时，你会不由自主地进行主题阅读。

主题阅读很像财务规划与投资。假如你现在有一个财务规划的目标，你就会发现一些需要提升自我的课题，比如研究相关的产业、学习会计知识，接着你会选择符合这些课题要求的信息。这样一来，不用读其他完全无关紧要的书，你只需要这样做就能够快速进入状态。对这些技能的应用会让你体会到知识的实际效果，进而对学习更有乐趣和兴趣，也更有主动性，并且还能看到知识与知识之间的结合面。

主题阅读和一般性阅读的区别主要体现在垂直深度上，比如主题论坛和垂直资讯平台，都是以主题阅读的信息组织形式来聚合领域内的各层级知识。

知识卡　锻炼主题阅读的绝好时机 ▶▶▶

突然有一天，你对一个问题或一个现象产生了疑惑，从而激起了好奇心，你会自动找出许多资料，同时阅读多种能解决疑惑的书籍，只为了找出一个答案。我建议你从自己正在实践的某件事情或自己最好奇的问题开始。有着强烈好奇心的驱使，主题阅读会更容易坚持下去。

当某个问题或现象激发了你强烈的好奇心，就是进行主题阅读的绝好时机。好奇的对象可以是生活里任何一个轻松愉快的主题，哪怕是玩游戏，也有头号玩家的出现。

回忆一下，生活中是否有你特别感兴趣的议题？

知识卡　如何找到主题阅读的感觉——追热点学习法 ▶▶▶

看电影时，零散的片段让你无法理解整个故事，甚至会因曲解而做出错误的结论。

在短时间内聚合阅读大量相关内容，可以有效加深对同一话题的多角度、更全面的理解，避免片面认知。比如你是一个很喜欢追热点的人，那么当社会热点发生后，你总会看到对一个热点话题的多方解读。当所有看官从自己的角度解读完后，这个主题的各种细节、各方角度也几乎都被你牢牢记在脑中了，这就是网络新闻传播系统自动帮助我们把零散知识进行相关性串联，进而构建的主题阅读氛围。这样做的好处是，完成阅读后可留下多角度思考框架。

知识卡 如何慢慢建立主题阅读的体系 ▶▶▶

虽然完整的知识体系总是严肃的,但你可以先看一看擅长把复杂问题解读得更生活化和趣味化的公开博客,这些博主通常都会在热点事件出现后发表自己的看法。

比如,趣味性解读就是严肃知识体系下的应用性操作。我们一开始进入新的知识体系时,需要这些趣味性内容作为引导,它就像一位擅长讲故事的启蒙老师,引导我们进入知识的殿堂。可以找多个导读人,谁对你的胃口就长期看谁的解读,慢慢地从对趣味性知识的解读进入对抽象规律的思考(见图2-4和图2-5)。

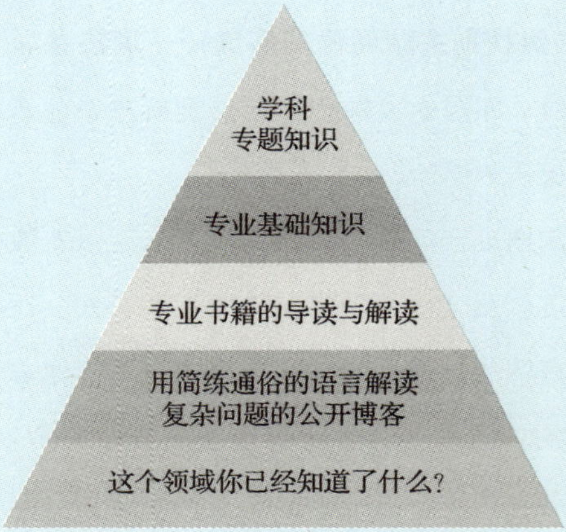

金字塔(自上而下):
- 学科专题知识
- 专业基础知识
- 专业书籍的导读与解读
- 用简练通俗的语言解读复杂问题的公开博客
- 这个领域你已经知道了什么?

用趣味性内容"引进门"

图2-4

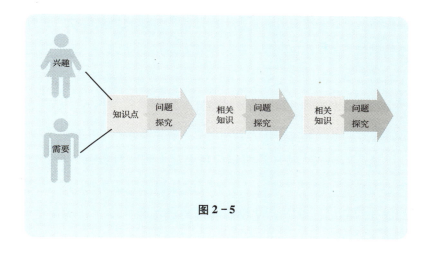

图 2-5

主题阅读将促进你的第二项能力是长效记忆能力

主题阅读最大的也是最直接的优势是，避免知识被遗忘。通过主题阅读所保存的内容，可以直接进入你的长效记忆和工作记忆系统中。为什么它可以有效避免零散阅读所造成的知识遗忘呢？这是因为主题阅读是一种针对同一主题，在一定时间内阅读大量书籍的方法，本质上是属于连续性阅读。因为你一段时间都是在关注同样的主题，所以可以通过串联的方式把零散的知识用一种体系和规律化的方法结合起来，帮助你跨越零散、增强体验，记忆的深度就会大为提高。

我们的遗忘有两大特性，一是容易遗忘零散的片段内容。零散的知识由于没有彼此之间的链接，我们的记忆和负担就非常大。而当记忆容量不够时，遗忘就成了必然。主题阅读很像连续的思绪,正如平滑上升的直线,而散落的片段阅读就像经常被打断的思绪一样,每再恢复一次,多需要双倍的精力——第一遍用于启动,第二遍才用于思考,而启动的过程是一种无效的浪费。因为注意力恢复到最高兴奋点的状态,需要前置的投入,如果这时你学习的又是完全不相关的知识点,就更需要多重注意力了。

遗忘的第二大特性是遗忘与自己毫无关联且没有体验感的内容。比如,同样是学习关于地理的知识,关于切切实实走过的地方的记忆,肯定大过我们通过阅读抽象文字产生的记忆。当你去过某个目的地时,大脑中就会记录下与目的地相关的图片,今后当你再读一本地理主题的书籍时,大脑会自动读取与目的地有关的信息,帮助你迅速产生回忆,你就会自动调用大脑中的图像来促进自己对抽象文字的理解。

主题阅读将提升你的第三项能力是,让你看见知识的复利奇迹

由于时间没有间断、知识没有间断,你就获得了两项复利:时间与知识结构的复利。假设你每天进行主题阅读 30 分钟,一个月则为 900 分钟,等于每个月花 15 个小时在阅读上。假设读完一本书需要 5 小时,一个月就能看完 3 本书。持续 5 年,就能读完 180 本。如果这 180 本书是独立的、毫无关联的,你就很难积累起对某个领域的深刻认识,而深刻的认识就像你熟悉生产过程中的不同产业链一样。如果这 180 本书本身互相联系,而且与你持续钻研的某个专业领域（软件工程、会计、营销等）相关的话，你就能成为该领域的知识型专业人士，因为你获得了这个领域全面的专业知识。

> **知识卡　怎样编织主题阅读资料 ▶▶▶**
>
> 善用两把镜子：一把放大镜，一把显微镜。
>
> 第一步：善用大纲型书籍作为放大镜。借用大纲型书籍的框架，帮助自己了解主题的边界高度。若想了解哪个领域，就先写一个大纲，就像自己要写这个领域的书一样，然后开始大量阅读这个领域的书。或者直接借用口碑较好、经过时间验证的经典书籍。比如《西方世界的经典名著》就会帮助你了解影响西方文化和价值观形成的一些重要书籍。
>
> 第二步：先看一本经典的书籍，对照大纲梳理充实完成后，再开始读其他的图书。大部分相同的内容可跳过，看到不同的想法就要进行思考，对于认同的想法，可以整合的就列入大纲。
>
> 第三步：针对其中的不同环节做两种构建。横向构建：这个主题的平行知识有哪些？纵向构建：这个主题的上位知识与下位知识是什么？横向纵向同时深入，两者结合，达到阅读效率的全面提升。这时，你就开始撒开主题阅读的大网了，随后需要做的就是收割。
>
> 第四步：创造主题阅读趣味性的立体式阅读。搜集不同感官的阅读材料，创造一种立体式阅读的趣味性（见图2-6），

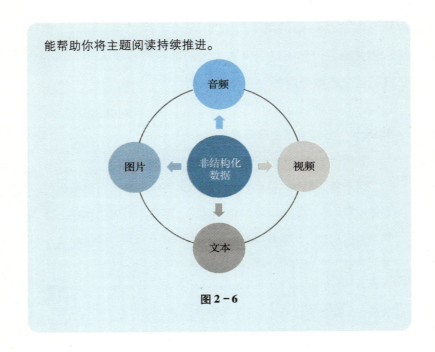

图 2-6

2. 建立深浅阅读的小系统

集中类别,判定知识的深浅程度

我们为什么需要一种快速集中类别的方式来提升阅读效率呢?因为集中类别后,能让我们看到整理的力量,帮助我们提升快速扫描和抓取最重要关键词的能力。我以前曾经使用过此方法,去书店把书架上某个类别的书逐一拿出来浏览,然后买回来。可以通过找到和购买某个领域的简史类书籍和入门类书籍,帮助自己快速掌握该领域的主要知识点。

当实体书店的书目不全时，可以通过网络检索关键字，随后把与这个领域有关的书全部都买下来，并且把它们集中起来阅读。虽然这些书在表达上有所不同，而且内容有一些是重复的，但其实并不浪费，你只有多读了几本之后，才能归纳这个领域的主要观点，知道在这个领域当中大家的共识所在，或者也可以说是重点所在。随后，你会从这个重点的入口开始，像打井一样使出自己的力气。之后你会发现，你的井打得越深，获得的水源越丰富。

只在一本书里提到的东西，可能是这个作者自己的看法，如果有十几位作者都主张同样的东西，那么我们暂且可以称之为这个领域当中的普遍原理。

随后根据你的对比、整理和归类后，看到这个领域中不同知识的深浅程度，再来投入不同的认知精力。随着传播的便捷化和实时化，即使你练成了一目十行、过目不忘的本领，现在的信息穷尽一生也学不完，如果不能快速处理信息，就只会获得其中的皮毛而已。

当信息聚合在一起有什么样的作用

信息聚合后最显著的一大好处，就是能提高话题的层级。应根据你自己关注的主题和领域做好信息聚合，它能够节约你大量的时间，不被垃圾信息所占用。精力有限时，我们需要做好信息来源的管理，用 RSS 系统来帮助升级浅阅读效率。

把自己放入情境中更能让自己快速体会到提高话题层级和筛选的必要性。假设你是一位主编，或者是一个长期坚持写博文或商业类文章的人，每天需要浏览大量新的信息，以便将符合社会热点话题的文章传递给读者。这样的工作职责需要你具备快速抓取并深度解读社会话题的技能。因此，每天对信息进行搜集和按话题所处的层级进行整理是你综合各方观点，发表自己见解的高效基础。快速抓取各方观点是你的直观需求。

对于我自己关注领域的资讯，这些年下来，我一直都用 RSS 和 Pocket 相结合的阅读方式，RSS 和 Pocket 的双层组合筛选，是我提升阅读速度和质量层级的黄金搭档。其中，RSS 成为我进行泛读的唯一渠道，它帮助我进行了第一遍筛选。这个第一遍筛选是我们进行第二遍阅读的一个前提条件。当我在阅读 RSS 源生成的这些资讯聚合之后，我觉得有价值，需要后续再去深入读的部分，我会把它放入到有收藏功能的 Pocket 的软件当中，以进行信息的二次聚合。

Pocket 的主要功能就是把你要阅读或者一时没有读完的网页标记下来，接着同步到各大服务器上，然后你就可以在不同的设备上阅读了。如果你用电脑上网的时间不多，一些东西来不及看完，Pocket 这款移动客户端就能够按你的需求在你的 PC 端上标记需要阅读的内容，然后你就可以用手机随时进行阅读。

这两种软件配合使用的好处是，你会把浓度不同的话题放入不同的圈层。RSS 阅读器属于最下面的第一圈层，只需要读标题；Pocket 的二次筛选属于第二个圈层，这个圈层才需要读内容，这样可以帮助我们做好精力管理并快速熟悉这个话题的多个维度。同一领域当中的常用话语体系，就像你和一个朋友交流久了之后，你就知道这位朋友常用的说话方式和判断标准，RSS 和 Pocket 的组合能帮助你很快理解这个话题当中各派的主要观点、思维方式、思考结构和表达重点。

用工具打造深阅读系统

所谓深度思考其实是对输入的各类信息进行咀嚼加工的过程，找到现象背后的联系，最终得出最具营养的部分，输出另一种规律层面的信息。这个咀嚼的过程如果能够可视化，可以发现它包含了四个环节（见图 2-7）。

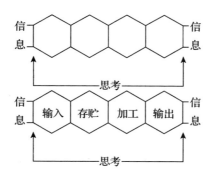

图 2-7

加工的过程首先需要的就是再思考，再思考的目的是为了让信息进入长效记忆中。深度思考后的信息不是对第一层级信息的单纯记忆，而应该是经过头脑加工后直接存储到工作记忆区的信息。左端的输入信息是现象级信息，右端的输出信息是原理级信息。

利用工具为深阅读建立自动生产线，让深度思考可视化。Marginnote 是我常用的一款让深度思考后的信息可视化的工具，它把归纳、转化、整理、复盘做了一个顺利的自动迁移，对信息进行深度加工。

首先，快速扫读和归纳。把市面上相关主题的纸质书或者电子书信息集合到一起，可以对这个主题所涉及的书籍一目了然，这些书籍之间哪些是层层递进的关系，哪些是平行关系。其次，自带比喻和转化作用。阅读过程中，遇到很多不懂的概念可以直接在这上面调用知乎、google 等网站来查询相关解释，让新概念变得可理解。再次，我最爱用语音批注做笔记！因为大部分人喜欢说胜过喜欢写太多，说的方式可以快速关联大脑当中已经有的知识，语音批注就非常人性化，很方便快捷。最后，整合片段知识，自动将多份主题相同的阅读笔记整理并关联到一份笔记中，让你看到知识的交集，把分散在不同专业书籍当中的知识点串联起来，扩大知识网，不断升级整体认知。

知识点若没有经过有效整合，其实就只是存在的碎片知识点或片段知识点，把片段知识点进行连接，从而达到融会贯通。Marginnote会自动帮助读者进行整合，同时按大纲和思维导图的方式呈现出大纲的内容，帮你快速浏览书中的重点。

人的大脑有一条天生的遗忘曲线，阅读后，如果对整理的笔记不进行定期复习，就很容易遗忘，尤其是针对专业知识。因此不但要复习，还要以一种高效率的方式去复习，当复习的内容以简单清晰的关键点呈现出来时，就会节约大量时间。关键点复习法是一种高效的复习方式，它会自动生成复习卡片帮助你进行高效复盘。复习卡片直接帮助你进入到调用信息的阶段，而不再经历信息整理的过程，快速调动你的条件反射，缩短距离，提高效率（见图2-8）。

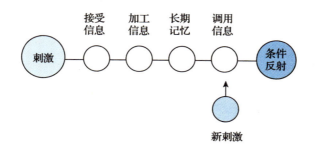

图2-8

复习卡片的感觉就像在头脑网格中只把关键词以突出重点的方式展示出来，节约了重复阅读和重复提取的时间，快速唤醒关键性的结构记忆。思维导图就是一种很好的结构思维复习卡片，正如你看到下面这幅读后的导图就能立刻会想起最重要的关键知识点,这是学员读完我的《如何练就好声音》之后画的单章节结构性导图(见图2-9)。

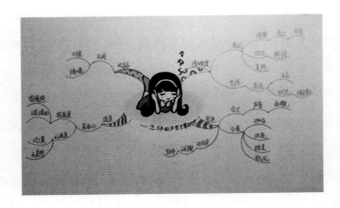

图2-9

深浅阅读系统双管齐下,你的效率就在不知不觉当中获得了显著提高。

三、掌握知识的框架与核心

1. 找准知识的边界，集中突破

影响学习的最重要的一个因素是你已经知道了什么。

——奥斯博尔

新知识一般有两类，第一类是不依赖于其他知识的。什么叫不依赖于其他知识呢？就是它独立存在，已经是最基础的单元、最基本的信息了，比如说英语的26个字母，还有阿拉伯数字等，这些都是原始的基础性知识。对待这一类知识，我们需要的是找准知识的记忆规律并存储下来。第二类是在某些旧知识的基础上采用联系扩展等方式而产生的知识，大多数的知识其实都是属于这类的，因为每一种知识几乎都是另外一种知识的前置知识。

如果你简单地把阅读看成是一个由外到内的输入过程，认为书本上面看到的这些经验是人们早就已经检验过的，不需要怀疑的定论，而所谓的阅读就是把这些知识装进大脑当中，那你就完全错了。

我们并不是空着脑袋去阅读的，因为在日常生活当中，在以往的阅读当中，我们已经形成了丰富的经验，对很多问题和现象都有自己的看法和自己的理解，小到身边的衣食住行，大到宇宙星体的运行规律和各种自然现象，再到社会生活，我们几乎都已经有了自己的看法。这些看法就是我们理解新知识的前置知识，所以当我们在阅读时，一定要以自己为中心和出发点，注意从已有的经验出发，在阅读时注意把当前阅读的内容中所反映的事物尽量和我们已经知道的事物相联系。

在生活当中，我们每个人都有自己的生活经历和经验，当我们在遇到新问题时，总会试图用自己已知的知识去解释新的知识。解释的过程其实就是建立联系的过程，正是这种事物和事物之间的联系，才让新信息联系旧经验，让知识吸收不费力。这种联系就是知识的不同界面。从自己出发的效能远远大于他人灌输的效能，因为阅读不是简单的信息累积，更重要的是旧经验和新经验之间的相互作用，以及由此发生的认知结构的重组——用更庞大的一个新的认知结构去取代原来比较狭窄的认知结构。阅读是我们的经验体系在一定环境中自内而外的生长，以我们现有的知识经验为基础，去打开未知的领域！

如何建立快速联系新旧知识的习惯

联系越广,脑中的知识体系就越庞大。万丈高楼平地起,关键点就在于你要找准自己阅读的起点,了解自己的学习起点,并且以此为出发点开始自己的阅读生活。怎么找呢?一个是逻辑起点,一个是现实起点。上学时,我们大部分的起点是逻辑起点,我们学习的逻辑起点就是按教材的学习进度开始的。但对于已经离开象牙塔的成年人而言,进入社会后,便获得了许许多多现实的起点。

现实的起点就在于我们的生活经历,怎样找准在现实当中的起点呢?要先找出一个你亟待解决的问题点,或者是你给自己设立的任务挑战,以这个挑战和问题点为出发,然后想一想以前学过的知识哪些能够用来完成这个任务?如果已有的知识不够用,你就要为了解决这个问题而去学习新的知识,并在找到新的知识点的时候,不断寻找新的知识和旧的知识之间的联系(见图2-10)。

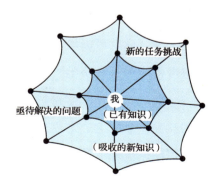

图2-10

比如读完一本新书之后，你要花时间去描述一下自己所受的启发，然后联想这些启发和自己的哪些经验相关。在尝试建立联系时，你就已经在进行一个对新知识进行加工的过程了，自然而然地，你就能够把新的知识编织到已有的知识网中了。

比喻让抽象事物更容易被理解

当你在阅读新领域知识的过程中，觉得十分难懂时，不妨从生活中开始去观察，并运用比喻的方式，转化新领域的知识。所谓比喻就是用拥有相似点的另外一个事物来说明。爱因斯坦就是一位打比喻的高手。记者请爱因斯坦解释一下什么是相对论，爱因斯坦就打了一个很有趣的比喻，他说相对论就好像你和一个人吃饭，如果这个人让你很讨厌，你会觉得时间过得特别慢；而如果你和一位仰慕已久的女士一起吃饭，你会觉得时间飞快的流逝。

比喻具有神奇的效果，它可以快速地实现新旧经验之间的相互迁移，采用这个手段，你就可以培养起迁移知识和经验的能力，最后你就能够慢慢成为具有跨学科思维和整合提炼能力的阅读达人。如果一个新的知识让你学得特别痛苦，甚至根本就找不到一个类似的比喻来解释它，那就放下它，先挑选那些在这个领域当中能够帮助你快速实现新旧知识相互迁移的好书。这些书籍里面具有丰富的比喻，通常都是从生活中寻找我们经验的共同点，再进行专业知识的解释，能帮助我们很好地去理解新的知识。

2. 重点化零为整，掌握知识框架核心

阅读时，我们不仅要记住有用的信息，还要思考以什么样的方式记住。如果信息以一种随意的结构排列起来，就容易飘散；而以一种有组织、有规律的结构组织起来，它就会牢不可破。它之所以牢不可破，正是因为你在重新组织信息的过程中建立了全局视角，让你能很快找到各类子信息所处的环节。我们需要掌握的是这个记忆结构，而不是成为迷失在其中的只见树木不见森林的生物。

如何将重点化零为整呢？数学中有一种"蚂蚁搬家"式的思维方式，即先化整为零，然后再化零为整的动态过程。就拿特别令人头痛的学英语来说吧。我们都有过把零散的部分集中为一个整体的经历。大部分同学都有一个单词接一个单词痛苦记忆的过程，但是少数同学却从上到下掌握了单词的设计思维，了解了单词被组织的规律，从结构中去记忆，于是他们懂得整体思维：在英语里以 un 开头的单词超过 1341 个，以 ness 结尾的单词超过 983 个，有类似结构的单词超过 2729 个，这些字母被组织成单词的方式主要有 3 种方法：派生法、合成法和转化法。

构造单词的这 3 种方法就是知识的框架与核心，单独的词

语只是这个核心中的二级信息。当你首先从整体的角度去看待知识时,就能对比筛选出适应这个框架里知识吸收的最有效方法。

> **知识卡　阅读时,如何实现化整为零** ▶▶▶
>
> 　　同一类书籍,你一定要多看几本,多找几个同领域作家的书来看。你会发现,在他们所描述的概念或谈论的解决方法中,存在着一些共识或共同关注的方向。这些共识和共同关注的方向就是我们首先要深入了解的。
>
> 　　我们可以再分别比对他们所提概念、方法中的相同点和不同点,勾勒出重叠、交叉的部分。这会让知识的框架核心清晰可见。

3. 心理建设法,信心带来长久热爱

很多小伙伴在尝试培养某种习惯时,都特别容易制订一个非常乐观的计划,然后变得特别容易放弃。

为什么呢?最开始的时候,很容易放弃的原因就是面临很多之前没有预料到的问题,这些是始料未及的麻烦,让人本能地放弃了接下来的行动。所以,如果一开始你就搞清楚这个过程可能会遇到的问题和困难,不盲目乐观,反而能完成长途跋涉的旅途。不要给自己施加心理压力,适当地使自己放松,不

要要求自己每天都在一个固定的时间节点去做同一件事情,这反而是一种良好的心理建设。很多人会在养成阅读习惯的过程当中去做一个打卡的活动,总是想着要一天不落地执行,而完全不考虑自己的身体、生活和工作状态。其实养成一个习惯,你能够完成60%就已经产生了巨大变化,完成80%已经是大神级别了,完成100%可能就需要牺牲太多太多东西了,这会让你在做事的过程中承载太多太多的压力,反而不能以轻松的心态去应对严酷的挑战。不妨常常宽慰自己:第二次尝试比第一次尝试有所进步就好,节奏的形成比结果的达成更重要。

  形成固定的时间节奏感,更有利于完成既定目标。我们在生活当中面临着需要意志力的情况实在是太多了,不仅仅是在阅读时需要意志力,你在生活当中想要达成各种目标,都需要你去分配自己的意志力。必须要想出一个节约意志力的办法来,才能让自己顺利渡过难关。最好的能够节约意志力的办法就是形成固定的时间节奏感。在一个有规律的生活里面,人是很容易有相对固定的受控制的时间去完成自己的既定目标的。

  高中阶段为什么大家比较容易坚持一件事情,一个很重要的原因就是那个时候有良好的生活规律,你每天会按时起床、按时上课、按时自习、按时睡觉。而等你长大之后,虽然生活变得丰富多彩,还拥有各种各样的自由,但你会发现这个时候有的人已经失去了过去形成的节奏感,差距就慢慢拉开了。节奏感一旦失去,就会渐渐变成被不同的事物推动着去行动的人,而不是坚持在固定的时间干一点什么的人。这个固定的时间不一定要很长，只有 15 分钟也好。

航船停泊靠岸时，需要先找到专门的锚地，随后抛锚让船身保持静止。阅读习惯的养成也是如此，我们可以找到一天当中的时间锚地，抛下习惯的锚具，稳定这个时间锚点。通过养成固定时间阅读的习惯，我们将增强对自我节奏的掌控感，建立起更深层次的自信，带来长久的对阅读的热爱。

其实我并不建议一定要在固定的时间去进行固定的阅读，你可以做一些其他的事情，最重要的是形成一个在固定的时间去做固定事情的习惯，这样可以帮助你在被碎片化推动的行动当中，重新形成新的时间锚点，让你有一种掌控自己时间的感觉，这种感觉的形成会让你建立进一步掌控更多时间的自信。

4. 对比阅读法，练就批判性思维

想要感受新思维带来的新鲜感，尝试对比式阅读是绝对正确的选择，让书籍与书籍之间互相挑刺。所谓对比式阅读，顾名思义，就是同时读两本领域相同但观点却完全不同的书，这两本书之间的观点是一种对立的关系。比如，你读了一本《帝国的衰落》后，就可以找一本《开放社会及其敌人》进行阅读；你读了《低智商社会及其敌人》后，就要找一本《思考的技术》来阅读。这种新的阅读方式非常有意思，会让你体会到不一样的阅读乐趣。正如你与一个人讨论一个问题讨论到死胡同时，一个局外人进来，突然让你茅塞顿开，于是你原本觉得枯燥无味的大脑受到了新鲜观点的刺激，被激发、调动了起来。

这就好像你是一场谈话类节目的主持人，你坐在中间，左右两边分别是你的嘉宾，你们三个人在做一场针对某个话题的"锵锵三人行"。这样的阅读方式对锻炼自己的批判性思维很有帮助。因为很多读者常常陷入书籍作者的说服系统中，当作者的说服技巧很高超时，读者很难不陷入作者的思维中去。当作者的论点被自己所收集的各类案例进行证明时，如果你能请另外一位口才同样很好的嘉宾出场，让他们的观点发生碰撞，就像辩论中的正方和反方，当反方也能提供同样丰富的材料从相反的方向反驳对方时，真理就会越辩越明。

回想一下，一部电影里如果缺乏冲突，观众就会反响平平，而那些具有巨大冲突的电影总是能抓住观众的心。还有一种冲突，就是与我们现实生活中所经历的事件相差甚远的故事，这类故事也总会激起我们的好奇心。大脑会更偏向于记住那些给予自己巨大冲击的关键点，而不是一大段波澜不惊的叙述。阅读也是一样，当你把观点完全相反的两本书结合在一起时，戏剧的冲突就开始了。这种冲突，会像电影一样让读者产生喜、怒、忧、思、悲、恐、惊等情绪，这正是能够吸引读者眼球，使读者深刻记忆的原因。

5. 平行笔记法，展示交互感知

在你的朋友当中，有一些人总是什么都知道，即使是初次与陌生人见面，也能很快地进入新的话语风格中，找到交流的共同点。这些人仿佛是"万金油"，总能很快找到听众感兴趣的话题，因为他的头脑中存在着一本"平行笔记"。

当你和不同领域当中的佼佼者交流时，你会发现他们有一个共同点，那就是链接和跨界思考的能力特别强。即使看起来毫不相关的东西出现在他的大脑里时，也可以变成一个成功的模式或者是创意机会。要想拥有一种高效获取知识的能力，就要看懂彼此之间的联系。你会更看重信息之间的关系，而不是去记住这些信息，这种链接仿佛是一种本能，大脑不再有记忆负担，因为它是在进行创造性的组合，帮助知识做好联系。

我们的大脑有860亿个神经元，这860亿个神经元分为了四个功能区：接收区、触发区、传导区和输出区。当你能触发的区域越多，你就能够越快速地在不同领域中穿梭和跨界，这正是这个时代最需要的高效吸收能力之一。虽然表面上你和他看的是同样的东西，但是牛人却会把这个知识点快速安插到另外的场景中，以测试这些要素的组合能否产出新的效益。

要把各个学科的知识视为一个整体，有了这种意识之后，你所做的阅读实践就会有一种自然的连接意识，你在阅读时就能开始进行新组合的设计。这样，你就能够做到真正的融会贯通，得到一种透彻的理解。

那怎样才能够串联起来呢？通过平行笔记法，建立四个区域的交互感知，任何一条新信息的输入都能同时触发多个区域，更快地做好信息的撮合与连接（见图 2-11）。正如你要相信自己与对方总有交互点，你才能与任何人都能聊得来。

音乐	早期印第安人音乐	美国建国后印第安人音乐	赞美诗音乐		美国专业音乐兴起			美国大众流行音乐兴起音乐剧、爵士、乡村、摇滚			
历史	英国宗教派系斗争与北美移民	印第安融合主义历史变迁和文化融合	唱歌学校运动	史蒂芬·福斯特		黑面游艺人	叮呼巷	百老汇	黑奴贩卖	经济大衰退、社会问题突出

图 2-11 平等笔记法

平行笔记法是把两条平行的刻度线相交融的部分，以块状显示出来，在块状区域内填入相互触发、传导的关键词进行自我提示，帮助自己看到彼此的融合，学会从另外一个角度解读熟悉的事物。

同时阅读多本书是锻炼自己的交互感知的有效方式，这就好像你开了一个沙龙，听不同的人在发表他们的观点一样，这样做的好处是能够快速浏览并切换不同领域的知识点，并且看到其中的交叉部分。同一个观点有可能在这本书当中出现后，又在另一本书中再次出现。知识之间的联系是非常紧密的，但是我们在阅读时却是分开来获得的，所以如果你只是把它们随意地储存在你的大脑里的话，就会人为地破坏它的内在联系，让它变成一盘散沙（见图2-12）。

图2-12

同时，你可以尝试从另外一个新的角度来解读熟悉的事物。比如说当你要去解读音乐时，你可试试从历史的角度去解读。或者反过来，你本来读的是历史，但是可以尝试着从音乐变化的角度来读，你会发现，音乐的故事与历史的故事融合起来了，你能感受到这两个范畴之间的交叉知识。

我以前做过这样的实践，为了锻炼自己去发现和掌握知识之间的联系，于是做了一档融合音乐和历史的节目，共60期。在做这60期节目的过程当中，我的思维有所改变，使自己关注关系，而不是关注单向信息。

四、如何让知识融会贯通

1. 识别知识的种类,合理投入精力

哈耶克对知识的本质曾经有过一段非常深刻的阐述,他把知识简单地分为了两类:硬知识和软知识。所谓硬知识,就是指那些通过语言、文字、数字、图表、公式等表达和传播的知识。大到牛顿力学、爱因斯坦的相对论,小到我们学PPT的技巧,这些都是硬知识。而软知识是指那些没有办法通过数字、文字、图表、公式等去表达和传递的知识。比如我们常常会说一句只可意会不可言传,所以当你了解了自己的知识个性之后,进入到建立信息过滤机制的第二步的时候,你就会发现,针对硬知识和软知识,你需要用不同的学习方法,而不是用同一种方法去应对不同的知识。

在阅读的过程中,我又进一步把知识分为了

4类：硬知识、软知识，干知识、湿知识。

硬知识——逻辑完善的方法论知识，比如《人类行为的经济学分析》。

软知识——感性的观念性知识，比如《遇见未知的自己》。

干知识——能运用到生活中立刻解决问题的技能，比如《PPT设计思维》。

湿知识——需要长时间坚持才能体验改变的不可测量心法，比如《少有人走的路》。

我会根据这些知识的分类去严格分配自己的时间和精力。我甚至会通过"丢书"计划来迫使自己建立这种习惯，否则什么书都投入同等的精力，最终只会导致自己阅读效率十分低下。

在阅读一本书之前，我会通过各种专业的书评网站和书友的读后感，去了解这本书的知名度和美誉度，随后形成自己的分级指数。如果这本书的知名度和美誉度比较高，同时又属于硬知识和干知识的话，那我就会分配足够多的时间来仔细研读；如果这本书的知名度和美誉度都比较低，同时又属于软知识和湿知识的话，那我就会在碎片时间翻看，也不会逐字阅读。

2. 软知识与硬知识该如何读

硬知识和干知识虽然都是可以立刻运用的方法论，但除了看具体的用法之外，我还会仔细研读作者得出方法的过程。因为对于硬知识和干知识而言，最重要的不是得出的结论，而是作者推导出这个结论的过程，因为这个过程就是作者的思考方式和思维框架，而我们需要做的就是把这些高于我们自己思维框架的更高认知和思考的模板给记录下来。

当掌握了他们的思考方法之后，你就相当于有了很多门招式的武功，你可以把这些招式用于灵活分析其他同类的问题。这就是学习硬知识的一种阅读方法，不在于你记录了多少细节，而是在于你记住了作者的思考过程，只有这样才是学会了作者的思考方式。这类书籍的作者通常都有着完善的知识结构和逻辑推理能力，通过认真研读他们的书，能补充自己在知识结构和推理能力方面的欠缺，从而能填补上鸿沟，掌握方法中的方法。

随后你再把作者的思考过程放一边，自己来解释一遍书中探讨的话题，叙述完之后，你再和作者的叙述方式对比，你会发现原来你们的思考框架如此不一样。这个时候，你就能够看到自己哪些具体能力有所欠缺，随后你就能够更好的去弥补这些欠缺。

软知识和湿知识是属于作者情感范畴的主观性总结，这类知识通常与作者的情感经验联系性较多，没有经过客观的论证。对于软知识，我通常先看观点，也可以说是先看作者的结论，其他部分略读以节约时间。因为对这类知识来说，出彩的观点甚至会比细节更重要。如果观点非常吸引你的话，最后你再看它在细节的材料上是如何组织的,它的经验性的过程是如何得出来的,你就能够了解作者与众不同的人生经历,这是阅读软知识的过程中的乐趣。

3. 独立存在的知识与联系性知识该如何读

所谓独立存在的知识,就是那些不依赖于其他知识的内容,即它独立存在,已经是最基础的单元、最基本的信息了。对待这一类知识,我们需要的是找准知识的记忆规律存储下来,可以多读对独立性知识有经验和心得的书籍,通过直接阅读这类书籍来吸收别人的学习经验,大大提升自己的效率。

但大部分的知识都是相互联系的,独立存在的知识只是很少的一部分,而能够让我们发挥更多创造力,让我们的知识实现爆发性增长的应该是对联系性知识的整理和认知。所以当我们在看待一个问题的时候,首先要有一种联系性的观点,随后要慢慢地理顺,这个理顺的过程就是我们去审视整个人类认知链条当中每一个环节的过程。

获取联系性知识最重要的就是把知识的前置与后置顺序排列好,同时审视整个认知链条中各个模块的细致程度,以知识链的形式进行总体吸收。在这个过程当中,我们就可以借助已有联系性知识的"巨人"的认知框架,站在一个制高点上,通过"巨人"看到这些问题的联系性的角度,就可以挖掘出这些角度背后所包含的不同的认知模块。你在挖掘背后认知模块的过程中,就是不断地在做排列重组,把它们整齐的整合在一起,就好像拼图游戏一样,多拼多动手,最终锻炼了自己快速看到整体和部分关系的能力。

4. 知识分类,构建知识网

构建知识网首先需要找准自己的目标,再沿着这个目标添枝加叶,这个添枝加叶的过程就是构建自己的知识网络的过程。我们用反推法来帮助自己构建知识网络。就好像你看到一个窗明几净的房子,很想知道这些东西是如何各归各位的。想要窗明几净的大房子就像想要一个结构清晰、涵盖面广的知识网一样,是你的目标,也就是知识的最终呈现形态。

第一步,找到这个体系的源头,一个关于某方面知识的总称,之后开始从这个源头进行分类。分类时,需要围绕着你确立的中心展开,可以分成几个内涵比较宽泛的名词,熟知每个名词的观念,然后继续往下分类,脑海里画出的图景可以是树状图,也可以是其他你喜欢的图表方式,记住它们。

第二步,建立关联。添枝加叶时不要忘记自己的一条主线,然后把这个主干关联的血肉全都丰富进去,每个知识点都像神经一样蕴含着大量的信息。

建立了关联，还要警惕在这些关联中还是很有可能有许多"复制品"。接着你要开始删减相关联的知识里的同类"复制品"。

删减"复制品"的目的有两个：一是找到重点，二是便于记忆。"干货"这个词的频繁使用，正表达了我们心里渴望着对无意义内容的剔除。如果对复制品不及时删除整理，排除扔掉一些东西，时间一长大脑就会一团糟，即使是学过的知识，你也会记不起来。你只有记住了重点，下次遇见同样的问题时才能快速调用工具。

高效人士都会屏蔽无效信息，并且其大脑过滤、筛选信息的能力要比其他人强，因为他们都很清晰地知道自己的目标，所以会从自己的目标出发，构建实现目标所需要的知识网络，而不会被垃圾信息阻扰了试听。我们需要做的就是缩减环节，即把"复制品"从你的宝物堆中拿走，如果你需要的只是一部分，为什么要留下全部的内容让局面更混乱呢？被缩减后的每一个观点都相当于是一个知识点，知识点聚合在一起便是知识的线，随后是知识网络，最终是知识面。

第三步，敢于打破结构，锻炼自己的创造性思维。因为你会不断遇到新的信息，这必然会对原来的结构造成影响。当你遇到新的东西来冲击你原有的知识系统时，你一定不能让自己的大脑僵化，而是要打破原来的体系，不断接受新的事物。

5. 挖掘知识的内在规律，实现融会贯通

想要实现知识的融会贯通，一定要经历知识的分解和再聚合的创造性组合过程。所谓知识的分解和再聚合，其实就是从理论到实践再到理论的循环迭代过程。这种创造性的组合反映了以下几个过程：分类、分解、再聚合、建立新秩序和体系。

知识的层级从广义上来讲可以分为五类：数据、信息、知识、才能和智慧。这其中的逻辑层次是：数据经过整理变成信息，信息能解决某个问题就是知识，知识通过反复实践形成才能，才能融会贯通就是智慧。学习的本质并非记住信息，而是梳理出知识间的逻辑，从而理解和创造出信息的关联。

创造信息的关联时，一定要敢于打破结构，锻炼自己的创造性思维。比如，你可以尝试着把历史与艺术融合在一起，还可以尝试着把传统文化与大数据联系在一起，等等。关联性并不一定要以目前的学科组成为标准，我们完全可以发挥自己的创造性。

不同领域的知识模块归类组合到一起会形成一套全新的知识体系，新遇到的问题就是分解离散原来知识模块中的点。这些点在解决问题的实践中不断的进行重构，当问题解决后再复盘时，就是你总结、归纳、形成新方法的过程。这时，你将提炼出一个全新的完整知识体系。实践就是将多个知识体系最终融会贯通的无形之手。

五、跑题，意外发现的绝佳时机

有一句老话叫"一直盯着看，食物煮不烂"。这句话的意思就是，当我们想要解决当时面对的一个问题时，如果持续去思考这个问题的话，有时就会给自己造成一种极大的精神负担，反而会阻碍自己创造力的发挥。

在第二次世界大战之后的很长一段时间，美国都一直致力于开发反潜艇武器。而要开发出这种反潜艇武器，首先必须制造出一个良好的声波探测器，用以捕捉潜水艇发动机的声音。美国人为了制造这个性能优良的探测器，进行了好多次试验，在试验的过程当中听到了一种声音，这个声音听起来很有规律，但又不是潜水艇发出来的，他们就一直在思考这个声音的声源。随后开始调查，结果他们发现这个声音是海豚之间传递信号的声音，在这之前，人们其实对海豚的语言是一无所知的，但是因为这样的一个研究的契机，海豚的语言被发现了，一举成为当时引人注目的一个研究课题。像这样的例子在人类历史上太多了，美国人最开始的目标是研发武器，可是谁知道却偶然开拓了一个崭新的科研领域。

回想一下我们读书时，老师在课堂上面说了一些题外话，这让我们印象深刻，有时还终生难忘。其实老师在课堂上说题外话就是跑题，那为什么题外话会印在我们的脑海里呢？因为第一，没有必须要记住的压力；第二，说这些题外话时，老师没有教学压力，往往说得更有趣，所以会令我们印象格外深刻，甚至我们会认为整堂课最精彩的部分可能就是老师跑题的那个部分。任何事情都有两面，我们需要做的是利用它积极的一面。

还记得《律政俏佳人》中的粉红色服装吗？在大家都穿黑灰色的环境中，你不觉得突然出现的一抹粉红色更能吸引你吗？同样，每一本书中吸引人的部分，你不觉得正是那些与众不同的环节吗？

想象力是需要时刻锻炼的，我的锻炼方式就是看科幻电影。因为科幻电影里面充满了丰富的想象力。为什么我们对科幻电影的画面总是印象深刻？可以说，科幻片很重要的一部分就在于幻想的奇特性，很多科幻电影只要看过一遍，人们就能记住其中的多处细节。与现实相去甚远的各种细节符合我们记忆的秘诀——奇特性联想。所谓奇特性联想，是指通过夸张的情节、大胆的想象、离奇的场面来对所记知识进行加工，从而实现深刻、持久的记忆。

阅读时，请关注那些让你"大吃一惊"、不按常理出牌的部分吧。回想一下传统的阅读方式，几乎都是在读书里你十分认同的部分，而跑题阅读法正是要去阅读那些让自己觉得大跌眼镜的部分。同样，我们看待一本书时，去记住一本书中最奇特的点，与众不同的地方会帮助自己唤醒这本书其他部分的内容。比如，我曾经阅读过《跟巴黎名媛学到的事》，这本书里特别奇特的地方是，巴黎的优雅之家喜欢打造迷你衣橱，因为优雅之家的女士们奉行少胜于多，通过打造只能挂 10 件单品的迷你衣橱来帮助自己找到风格，从而知道什么单品能为自己的魅力加分，让自己的购物更有品质，而不做"购物狂"。通过对这个奇特对比点的回忆，帮助我唤醒了对整本书的回忆。

六、归纳,提升信息质量

很多人读了很多信息,仿佛知道一切,却很少能做出对未来的推测和判断,这其中的原因就是,我们根本没有通过思考去找到主导这些信息排列的背后规则,所以没有办法举一反三,不能预测未来。巴菲特的传记作者曾经透露,巴菲特在大概7岁时,就喜欢收集汽水瓶盖,他之所以这么做,是为了了解人们最喜欢喝哪种口味的汽水。那时,巴菲特就通过收集行为了解到了哪一家公司值得投资。这虽然只是一个对生活中简单事物的归纳,却展现出了巴菲特对信息的归纳整理能力,和利用信息做出预测和判断的能力。任何浮现在我们面前的信息,几乎都已经是末梢信息了,而如何利用末梢信息却取决于每个人对信息的归纳能力(见图2-13)。

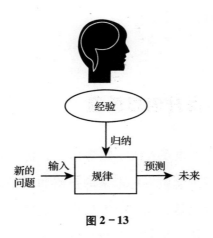

图 2-13

所谓更高质量的信息，其实就是经过归纳后的信息，这类信息更贴近于共性和规律的知识。善于归纳，久而久之，你就会养成从规律层面出发的思考习惯，不会再迷失于任何末梢信息当中，避免在外围知识上浪费时间。升级自己认知的一种有效方式，就是通过建立起归纳的习惯，让思维从现象级通往规律层面，这能避免你在外围知识上浪费大量宝贵的时间。巴菲特的搭档芒格也非常擅长归纳信息，巴菲特形容芒格一生都在持续不断地收集和研究各种各样的人物，各行各业的企业，以及政府管制、学术研究等各个领域当中的著名的失败案例。芒格会把这些失败的原因排列成一个检查清单，这个清单让他在人生事业的决策上几乎从不会犯重大的错误。这种反向归纳能力，对于巴菲特公司 50 年的业绩保持至关重要。

每天不间断发生的新闻让我们体会到这个世界的极速变化，

可是规律层面的知识却能在很长一段时间内保持稳定。如果我们能找到它背后所在学科当中真正重要的规律，就能让自己的精力获得大幅的节约，从而集聚自己的力量往深处发力，更快地去挖掘到在这个领域当中的"第一原理"，探寻现象的源头。不同事件都有一个所处领域的源头，你再把源头知识点连成线，把线铺成面，再把面结成网，让自己的知识结构既全面又深入。这时在这个领域当中，你所获得的资讯就会慢慢的系统化、规律化、结构化，在做的过程当中就完善了你的思考体系。这时你再看到同一个领域当中的其他书籍时，就可以跳过逐字阅读，甚至可以跳过整段的阅读，直接看到它的结论，就能够了解这个结论是在整个系统中的哪一个层级了。

在建立归纳习惯的时候，千万不要贪多，贪多嚼不烂。我们只要选准一个方向，首先去做好归纳，选择的方向少，内容就越有深度。每天持续进行归纳很重要，我们需要一种有意识地进行归纳的纪律性，在习惯养成阶段请忽略结果。

纪律原则有3个：

原则一：锁定一个归纳的目标，也就是不要同时给自己制定多项归纳目标，以免自己混淆。

原则二：坚持有效的行动，归纳的行动规则越简单越好。

原则三：不要太在意结果。

七、探索，思考我们思考的过程

1. 思考能力就是人的潜力

大前研一曾经分享过自己在麻省理工学院读书时的经历。他提交博士论文，其中有一个实验的结果虽然正确了，可是由于他思考的方式不正确，所以老师只给了他一个 C。长期在只看结果的社会环境中成长起来的他认为，这对于他思维习惯的冲击是巨大的，当时的他完全不能理解，当判断的权重完全不同时自己到底该如何应对。

判断的权重其实就是不同社会的认知权重。在麻省理工学院，人们不光看你的实验结果，更看重你的实验过程。只要过程正确了，就一定会指引你走向对的结果。但是，如果你由于侥幸蒙对了正确的结果而长期坚持错误的思维过程，带来的风险却是极高的。

在这件事情中，大前研一的老师第一步是先

看过程对不对，其次才是看过程推出的推论及结果。那一次的冲击对大前研一起到了很重要的作用，可以说，这是对他过往学习方式的全盘否定，是从追求结果到追求思考过程的转变。这也让他在今后做咨询师的过程中，很注重正确得出结论的过程。他明白了一个最重要的道理，结论有可能是猜对的，但是如果掌握了正确的思考过程，正确的结果总会慢慢浮现出来。

在大前研一原来所处的社会环境中，人们第一步是看你的结果对不对，只有结果对了，人们才会对你的思考感兴趣，问你是如何得出这个结论的。而如果结果错误，人们连问你思考过程的兴趣都没有。思考的过程，正是我们大脑对外部信息进行运算得出结果的运行方法。这套运行方法正是左右我们行为的方法，也是我们每个人的本质认知。

我有一个朋友是做互联网运营的，曾经和我分享过自己是如何发现顶尖运营人才的。我把他的方法和阅读方法进行了类比，我认为二者有很多相似之处，这两者最终识别的都是人们不同的思维过程。我的朋友看待运营和很多人不同。许多人认为，所谓运营，一定要有着强烈的互联网思维。但他的看法却不一样，他说，不分内向外向，不论学识多寡，都可以做运营这份工作，只是有的人做得差，有的人做得好，有的人能够做到顶尖。而他要发现的是那些具备成为顶尖运营人才潜力的人。

他招人的标准是：判断一个人的潜力而不是能力。为了识别出最有潜力的人，他每次招聘时首先会问：你曾经有过一些与众不同的经历吗?人与人的大体能力其实差别不大,但是独特的经历部分,尤其是做出与众不同成绩的部分,就是呈现出人与人极大区别的细节了。我这位朋友是一个善于发现别人潜质的人,因为他总会问这样一个问题:你做过哪些别人不容易做到的事?如果过去能够做到一般人做不到的事情,代表着应聘者一定有不简单的思维水平或者能力,这就是一种特别的潜质。比如,有位应聘者曾经坚持跑马拉松,这说明这个人非常有恒心与执行力。

为什么是潜质而不是能力呢?因为能力只是完成工作的基本要求,对一个人能力的判断其实可以细化到我们所熟悉的 KPI 指标,并且这些能力几乎是通过培训就能很快学会。但是潜质却最终决定了一个人能创造多少价值。所谓的潜质就是潜藏在表面下的特质,这种特质主要是取决于此人采用什么样的思维方式。能做出与众不同成绩的人,一定有着不简单的思维方式,这种思维方式是一种特别的潜质。

2. 牛人都有一套独特的思考过程

华尔街的风云人物达里奥在投资生涯中,坦言自己在年轻时犯过非常多的投资错误。一次巨大的失误促使他开始转变原来的思维模式,因为他原来的思维都是提出一个投资观点,随后搜集材料开始去支持自己观点的正确性。**自从一次巨大的投**

资失败之后，他发现投资不是要证明自己的观点正确，而是要想方设法地首先证明为什么自己的观点会是错的。于是他开始去搜集信息来证明为什么自己是错的，当他把因自己做了错误决定而带来灾难的这些信息材料收集起来后，开始全部录入自己的电脑当中，并分享给公司的同事，他把自己公司所有人的积极性也带动了起来，引导更多的人去搜集材料证实为什么结论是错误的。他让大家非常坦诚地去相互沟通信息，以求不再犯相同的错误。证明自己为什么是错的方式，让他形成了一套科学的决策机制，这样的决策机制，使他今后长久保持了在华尔街的领先业绩。人们的心理都存在着某种共性，任何表面特例的背后都从属于一种隐藏的规律。达里奥的故事启发我们，**当你搞清楚自己头脑中这套隐藏的规律后，才能打破常规，发挥出阅读的创造性，给你真正的力量，而不仅仅是充当知识的搬运工**。

首先，搞懂自己遵循哪一套思考方法。看懂思维过程是一种对内的程序性扫描，这种程序性扫描能帮助我们看懂自己的认识和调节的方式。导致人和人之间很难相互理解的根本原因，是人与人之间不同的第一认知。大家的判断体系完全不同，自然遵循两套不同的方法。

有一次我逛商场的时候看到有两个女生正商量着到底要买哪一件衣服。左边的女生说你买这个粉红色的吧，粉红色的好看；可是右边的女生却说我喜欢那个白色的，因为款式很洋气。

随后她俩就进入到争执当中，左边的女生反复强调这个颜色好看，可是右边的女生却反复强调那个款式洋气。

通过对这两个女生的观察，我开始理解到关键点：她们两个对买衣服这件事情的评判标准是完全不一样的，一个女孩子的标准在于颜色漂不漂亮，而另一个人的标准在于款式好不好看。这种评判标准和价值倾向就是每个人头脑当中从自我出发的第一本位价值标准。

想要搞懂自己经常遵循哪一套方法，就要常常问自己一个问题：还有没有更好的方法得出结果？通过多问这个问题，可以渐渐看清自己的思维步骤，观察和发现一个更加正确的思考路径。

比如，赶时间去公司要选择交通工具，你选择了拼车，然后在路上一直催促司机，结果迟到了。后来，你反思这件事情，是因为自己当时为了省钱并抱着侥幸心理而选择了便宜的拼车，结果导致了迟到。后来再遇到这种情况，你就会冷静对比各种交通方式，选择相对保险的方式。在这里，当时选择什么交通工具是对外的，是我们的认知活动，而后来反思自己的认知活动的差错并且矫正这种差错就变成了对内的，这种对内的方式将帮助我们优化自己的思维活动。

觉察就意味着你已经与单一和简单的思维模式分离了，接下来甚至不需要刻意地做什么，你只需要努力保持觉察，就能够逐渐从这种单一的思考模式当中脱离出来。当你看见自己的模式时,就不是当局者迷了,其实这就意味着你已经对自己做出判断的过程了然于心了。

你的思维模式决定了你的判断权重,你的判断权重又会影响你的言行、个性和选择。我们每个人处理问题的规则显而易见,只需要按照自己的第一价值标准去做简单的加减乘除运算就可以了。如果不做调整,久而久之,它就会让我们变得只能思考简单的问题,这个简单指的是问题框架内的所有因素都能够被自己清楚地看到。看不清楚的,我们就认为不存在,而当一个复杂的问题出现在他的面前的时候,他就会觉得非常的混乱、模糊。

其次,多看自己思维边界之外的思考。他山之石,可以攻玉。这一阶段,你主要的阅读方向应该偏向于那些对你原来的思维具有极大冲击性的书。你了解了与自己全然相反的对象组织材料,说服读者的逻辑和方法。这种探索对方思维方式的过程,也是一种很好的自我分析和自我反省的方式,帮助你看到自己思考的盲点。

想让自己具备跨界思维的能力,那就一定要先从自己的客观对立面练起,去了解自己思维边界之外的思考方式。最好的办法就是直接看"反调",此时看书,可以着重地找那些思考方式和你原来的本位认知思考方式完全不一样的作品来看一看。通过对比,你会发现你有一些固化的评判标准和价值倾向在不断地限制着自己,慢慢地,你就探测出了自己和不同作者的思考边界在哪里。

常常反思，你才能够有能力去体会到更大的世界，这不仅仅是在提升自己获取知识的能力，更是你自己在成为更加成熟完善的自己！一个人仅仅靠自己已有的知识是走不远的。

最后，从简单到复杂，掌握多套运行的规则。 复杂的思考方式之所以困难，是因为复杂的问题要考虑和处理的信息非常多，它需要你具备应对复杂问题的思考方式。也就是你需要具备多重价值标准、多个路径，而不再是以前单一的本位价值标准。然后再在这多套路径中对比分析不同路径的优劣。

处理复杂问题时，首先不能够先入为主地给任何事情贴上自己主观上的标签，同时还要考虑到问题的综合性，也就是多方因素组合在一起的一种对冲和叠加效果，这就是为什么复杂的思考方式是困难的。第一步先理清情境框架，第二步确定运行规则，第三步即分析这个框架下的不同因素的相互作用。

当你看透作者从简单到复杂的多项思维框架时，带给你的最直观的一个好处就是，你不仅能够读出作者字面上的意思，还能够透过文字去感知到作者的思维方式；甚至通过前面部分的阅读之后，你还能够去预测或者推测作者在后面会怎样去铺陈开来解释自己的观点。当你知道他说话的方式、风格、出发点之后，就能理解，在作者的角度，一个新问题抛给他的时候，作者会如何解读。

第三阶段

一、锚定内容的制高点，一览众山小
二、重建反馈回路
三、化繁为简，提炼复杂世界的简单基本规律
四、关注关系而非关注事物
五、一个好方法带来舒适的阅读体验
六、高效分享的几个步骤
七、以教为师，通过知识分享完善自我思考

一、锚定内容的制高点，一览众山小

> **视野就像心胸，常常往高处看就会越来越宽广，往琐碎处钻就会越来越狭窄**

随着出版物的海量增长，我们曾经熟知的阅读方式已经不能适应现在的阅读环境。即使阅读速度再快，也无法快过出版物和新知识的增长速度。不改变阅读方式，结果一定是时间永远不够用。

对时间管理颇有心得的人总是会在第一时间完成最重要的事情，这项原则从本质上讲也是我们对目标的锚定所带来的快速判断和筛选。这种快速判断和筛选的基础是来自于一个清晰的参考框架，我们的大脑极需要一个参照物，没有这个参照物我们就会感到不踏实，以至于难于做出判断，在纠结和取舍中浪费了宝贵的意志力和专注力。而每当参照物出现时，哪怕这个参照物有多么不靠谱，我们的大脑都会感觉到这是一根"救命稻草",以此为准契机,让我们做出一个安心的决策。

锚定效应其实在我们的生活中无处不在,为什么商家喜欢写一个标价,然后划掉,随后再写一个优惠价格在旁边?这就是为了让你的大脑安心做出"购物"的行动决定。所谓"锚定效应",是指人们在做决定或下判断前,容易受到之前信息的影响,犹如一个沉重的锚,沉到了海底,让你的思维以这个信息为基准,在信息的一定范围内做判断。虽然许多人对锚定持否定的态度,因为生活中大家感觉这样的判断往往会造成决策的偏误,但其实,我们可以在阅读生活中巧用这种锚定效应来提升自己的思考框架和知识浓度。

既然我们的大脑需要一个参照物,那就不妨把参照物的标准定得高一些,将锚定效应运用在我们的生活中,用于提高我们的知识浓度最好的方式,就是要让自己开拓越来越多的更高、更本源的视角和更接近一手信息的渠道。

我们有多少一手信息

每天我们看着微信朋友圈、微博,还有 Facebook 里面转发的各种二手信息,还别提里面有很多未经验证的谣言和毫无意义的"鸡汤"了,很多都是拼凑抄袭的各种内容,这些源源不断的信息从你的眼前流过,慢慢地扩散出去之后,对于我们大部分不想去甄别的人来说,得到的知识可能只是源头的细枝末节,我们可能是站在最末尾的那样一个小小的分叉当中,根本就没有办法获得最好的启发。如果你习惯于去接受这些喂养的知识，那么就会养成一种被动接收似的吞咽，而不知道那些信息其实是很多无用的碎片。如果不懂得去甄别的话，就会误以为这些信息是精华，觉得这就是前人的智慧，渐渐地，我们就会被蒙蔽，降低自己的信息品味。

我记得王小波在他的《我的精神家园》里边有过这样的表达，他说一本书看完了能够明白就好，不明白，那就不要去问，可以去试试别的东西，千万不要去听别人讲，因为你会越听越糊涂。他这句话的意思就是我们不要去接受那些经过转述和另外的人主观解读的二手信息。我们要做的是找到一手信息，然后再在一手信息当中去筛选我们读得懂的。

一流的思想和知识本身就安放在源头，但是经过无数后人的观摩瞻仰，大部分人仅仅得知皮毛就开始著书立说。一流的思想经过二流的分叉又会生成三流的水平，本身已成碎片的信息经过一些粗俗的分解就会变得更加无用，知识的纯度当然就大幅下降了。

大师只说平常话。再复杂的东西，只要是真正有水平的人的解读，他也一定会让每个人都很轻松地去搞明白这些信息的本质是什么，而不会让我们觉得特别难、特别复杂。

如果我们想要从本质上、从根本上去升级获取知识的功力，那在阅读时，就一定要学会选择和判断自己到底要花精力去吸纳第几层的知识。具有浓度的知识从来都不是我们随意就能获得的,它需要我们逆流而上,锚定制高点撒开大网,只有这样才能有丰富的收获。

锚定内容制高点,需要我们从被动吸收转换为主动追溯和搜寻。要让我们吸收的信息质量提高,那就一定要获得一手信息。尽我们所能地以现在接触到的内容作为跳板,去获得这个领域当中的一手信息。

这种锚定效应将提醒你,面对信息时首先要看流动到你面前的这些信息和知识是不是来自于源头,真正的好东西从来不会主动出现在你面前,你需要逆流而上,才能够与它对话,得到它的垂青。这样你才能分配合适的精力和时间给不同密度的内容。

有了这样的一个观念之后,我们再来看具体的方法,要怎么样才能够找到知识的源头,获取更多的一手信息呢?也就是说,如果你仅有这么多的阅读时间,那么在这个时间范围内,你想要获得更大的提升,要选择哪几类内容阅读呢?

要想获得更高级的知识,就要去一些特别的地方——找到你正在阅读的这本书所在领域的学术论文。论文是知识的最前沿,而且是用最有条理的方式去整理的。如果你想对整个领域有一个系统化的思维,以便知道自己现在到底站在哪里,如何缩短到达目的地的距离,那就首先要去看学术论文。其实我一开始的时候也很讨厌看学术论文,因为其中几乎都是干干的知识,很少有写得十分有趣的内容。但我慢慢意识到,学术论文需要经过统计检验，因此其内容通常具有普遍意义。也慢慢感觉到，论文是专业人士花了大量的时间和精力才得到的有价值的结果。

我们的主观经验可能与世界的规律之间有一个鸿沟，而我们可以通过阅读学术论文来稍微的拉近一点点，论文一定比任何一个论坛上的有感而发要可信和全面得多。我们要学会去阅读正规的学术论文，具有浓度的知识从来就不是随意就能获得的，需要我们逆流而上自己去搜寻。

二、重建反馈回路

从采集食物的原始人,到采集数据的现代人

生活中随处可见量化工具,量化是建设反馈回路的绝好方法,可以帮我们进行分析,找到最具有改进价值的方向。

其实量化这个概念并不是新鲜之物,我们在很多方面都热衷于去对自己进行量化,比如手机里面有很多的量化工具,这些小工具都会帮助我们把自己的数据记录下来,甚至会记录我们每天的一举一动,包括睡眠。

而量化阅读数据的目的是为了重建反馈回路,让自己捕捉到阅读这种精神活动的轨迹。可能很多人会质疑这有必要吗?以我自己为例,我每个月的阅读目标就是读四本书,这也是量化的一种,但是属于非常宏观的量化。如果仅仅是拥有宏观的量化数据,那很难更好地去了解自己,也就不能提供推动自我成长的养料。

其实抛开阅读不谈,给自己建立反馈,也是为了便于让自己感知到喜欢什么,不喜欢什么,怎样搭配这两种比例会让自己的进退平衡点是螺旋上升而不是螺旋下降。这就需要我们成为学会采集数据的现代人。

有一个人叫柳比歇夫,这个人很有特点,56年如一日地坚持做一件事情——非常细致地量化自己的生活。每天发生了什么,做了什么,几点开始做,总体花了多长时间,是什么打断了自己……都会准确地记录下来。他对个人时间进行定量管理,记录时间、分析时间、消除时间浪费、重新安排自己的时间。当我了解了他的故事之后,我开始把他的方式运用到我的阅读生活中来。

在实践过后,我发现这是一个简单的创制,于是开始有了一个形象化的思维,我把阅读当作一种开销去看待,然后我就有了自己的阅读开销日记。虽然我一开始的记录特别简单,但是久而久之,我发现这样的坚持给我带来的效率提升是巨大的。因为当我形象化地把阅读看作是生活当中的一份开销之后,每个月的月底我就会开始做小结,做一些图表,然后到了年终,我就会根据每个月的小结再做一份年度总结,再列出一个表。这个时候我发现,我的阅读生活非常数据化,于是我就对阅读产生了一种特殊的时间感。

这个方式帮助我重新建立了对时间的感知方式。后来我就总结,进行高效率阅读的办法之一就是严格地了解自己在阅读上的时间花销,然后通过这些数据的分析来看看自己到底在读什么的时候速度最快,怎样能够提升自己在阅读比较慢的题材当中的速度,这样我就会有的放矢。

花了多少时间,产生了多少内容,这些知识为你创造价值了吗

如果你对阅读生活的管理也能像你重视工作中的 KPI 数据一样,那我想你一定可以给自己重建一个非常清晰的阅读回路,它可以成为你的地图,指导你在接下来的阅读生活当中如何做得更高效。

虽然数据都被记录在案了,但我们对自己的阅读生活却大而化之,没有细致地记录过。在我的读书会当中,我常常会问这样一个问题:一个月大概读了多少本书?以测试大家对自己的阅读生活是否清晰,但大家的感知几乎都是粗略性的,那效率很难得到科学的提升也就不奇怪了。特别爱看球的朋友一定知道在美国的职业体育赛事当中有各种非常详尽的统计数字,比如 NBA 就对球员数据采集得十分细致,这些数字对于每一个赛季的比赛和科学的训练都是非常宝贵的财富。

拉开自己和他人的差距,真的不仅仅只是靠意志力,还需要我们主动对自己进行精确量化。可以说,一名高效的阅读者,一定是一个主动采集和分析自己数据的人。

你使用手机时,如果网络状况不好,打开一个网页或界面,手机就会自动显示进度条。这个进度条会给你一种积极的心理暗示,让你愿意等待而不是关闭。我们的阅读生活也需要这样一个进度条。

这个方法帮助不少,你可以把你在这个月当中要读完的书籍的名称罗列在左边,然后按照我刚才讲到的不同列数代表的内容,先做一个小小的测试,然后就能很清晰的知道如果要完成这些阅读量的话,你需要怎样安排自己的时间了。

那我们在阅读生活当中要怎样去总结自己的阅读数据呢?Excel 就完全够了(见表 3-1)。在 Excel 当中,A 列罗列阅读的书目,B 列罗列正文页数(每本书的正文都是从第 1 页开始的,如果不是特殊需要,正文之前的部分是单独排页的,并不需要看,就算不读也不会对整本书的理解产生任何影响)。我们从正文开始,算出每页大概的字数写在 C 列,因为不同的书籍每页的字数是不一样的,记录每页的字数,才能够真正地知道自己读这本书时的确切速度。

表 3-1 阅读数据总结表

A	B	C	D	E	F	G	H
书目	正文页数	正文每页字数	正文总字数	进度	已读页数	还需番茄钟(个)	阅读速度(字/分钟)
《如何练就好声音》	294	590	173460	20.40%	60	15.3	300
《哈佛最受欢迎的营销课》	220	670	147400	13.64%	30	10.6	400
《理解媒体》	406	670	272020	12.31%	50	39.8	200
《小的是美好的》	243	756	183708	4.12%	10	11.7	500
《账务智慧》	280	550	154000	71.43%	200	5.9	250

如果你单纯只是以一个小时读多少页来算的话，那就没有办法清晰地知道自己在读不同题材的书籍时的阅读速度。比如，一些散文类的书读起来就会非常快，读一些学术类书籍的速度就会很慢，那这个时候，你到底应把它量化为何种速度呢？

必须要通过这个方式你才能记录的出来，这样的话在 D 列你就会知道这本书的总字数。

E 列就是你的进度，这个进度需要你以一个番茄钟为时间单位来计算。记得番茄钟怎么用吗？那就是把 30 分钟当做一个番茄钟，同时这个番茄钟当中还有 5 分钟是用来休息的，当你完成了 25 分钟之后就要休息 5 分钟。以这样的方式计算，你就会知道你在半个小时当中到底进度是多少。这样可视化之后，你就会知道这本书你还需要多少个番茄钟才能读完。

当你在心中有了一个非常清晰的数字化之后，就会知道自己在平时的工作和生活中应如何安排时间了。当你有了很清晰的情境化的图像并处于这个情境中时，无意识地就会提醒自己这一刻可以开始用番茄钟来控制你的阅读了。而且这时你很清晰地知道自己在这本书上的阅读速度是多少，你对需要多少时间读完它了然于胸。这样你的阅读就会非常高效，因为当你能看得到自己的目的地的时候，一定会走得更加平稳，更加自信。

三、化繁为简,提炼复杂世界的简单基本规律

善于提炼规律会给自己带来巨大的思维提升。

在第二次世界大战的后期,美军对德国和日本法西斯开始进行大规模的战略轰炸,后期战争是打的最激烈的,每天会派出上千架轰炸机出征,轰炸机回来的时候总是损失惨重。

打仗是一项资源消耗极其巨大的行动,美国空军就很头痛,怎样才能让自己降低损失呢?如果要提升返航率的话,就一定要在飞机上焊防弹钢板。如果整个飞机焊上钢板的话,那速度、航程、载弹量等都会受到影响。怎么办呢?

于是他们请来了一位数学家,这位数学家解决问题的方法和思路都很简单。

他首先做了一张统计表,然后他把这张统计表发给技师,让他们把飞机上弹洞的位置全部报上来。然后这位数学家铺开一张白纸,画出飞机的轮廓,再把那些小窟窿一个一个地给填上去。画完之后,大家一看,发现了这样一个规律:飞

机浑身上下几乎都是窟窿,只有飞行员的座舱和尾翼两个地方几乎是空白的。

这时候数学家就提醒大家,明显违反规律的地方往往就是问题的关键点,所以他就指引大家往这个关键点上去思考。这个时候,大家思考问题的范围就更集中了。当所有人的力往一处使的时候,就更容易去发现关键点背后隐藏的规律。

飞行员们一看就明白了,如果座舱中弹的话,那飞行员肯定就丧命了;如果是尾翼中弹的话,那飞机失去平衡也会坠落,所以一旦这两处中弹轰炸机多半是回不来的,难怪这两个地方没有统计数据。

这个时候大家得出了一个结论:只需要给这两个部位焊上钢板就行了。正是这两个部位焊加的钢板,挽救了很多飞行员的生命,这就是一个从实践当中提炼简单规律的思考方式。

人是喜欢被动运动的,所谓被动运动,就好像能按摩减肥的话,那你一定不会选择健身减肥,因为健身需要主动去运动,而按摩只要舒舒服服的躺在那里。如果能起到减肥效果的话,大部分的人一定会选择按摩这种方式。同理,能通过简单的信息进行记忆就绝不动用复杂信息。比如,你仔细观察为什么当你和别人谈话时,尤其是在商务场合进行交流时,你首先要说重点?因为重点说出来之后,后面对方就不需要开动自己的脑筋和你一起去思考怎样得出某一个结论了,只需要听你是如何得出这个结论的就行了。

提炼出简单规律,更符合我们大脑被动运动的本质。这并非是一种消极的态度,而是经过洗涤之后更闪耀的金子。我把这个提炼过程称为阅读时的主观能动性,它能够帮助你读完一本书之后掌握它最重要的精髓,并让你简单易行地用到行动当中。

> **知识卡　归纳借用法 ▶▶▶**
>
> 　　把同一主题下的不同书籍,集合在一起阅读。这将有助于你看到不同作者的简单、高效的思维框架,在他们的思维框架中,又有他们独特的方法。你需要找寻、归纳这些方法的异同。
>
> 　　把这些方法存储起来,在大脑中建立一个简单、高效的工具箱清单。当你阅读时,借用之前学到的思维框架,在脑海中测试——这些思维框架,能否高效应用到新的阅读主题中?如果能,说明这个思维框架的应用范围可以扩展;如果不能,说明这个思维框架只适用于特定的主题。
>
> 　　这样,你就能不断发出有效的"探测",确定不同的思维框架和方法可应用的范围,给自己的阅读添加高效运转的"思维燃料"。

四、关注关系而非关注事物

同样一个话题，你可能很难动笔，但是作者却能够洋洋洒洒地写几万字，这是为什么呢？也许你会解释说，因为作者在这个领域当中有这么多年的经验，所以他能写，而我是抱着一种学习的心态去看这本书的。

这种鼓励自己接受新鲜事物的态度是非常好的心态。现在让我们去思考一下，怎样才能跟上作者的思路，而不仅仅只是消化作者的观点和信息呢？要跟上作者的写作思路，那我们就必须要弄明白作者写作的逻辑，他到底是怎么写出来这本书的？

当从一个阅读者的思路开始转变为一个写作者的思路时，你的思考已经不再是要把作者在这本书中提到的内容记到心里，而是已经变成了我要去组织哪些信息资源，才能够支撑起我的第一观点，说服读者。

写作者的思路有没有逻辑错误？他组织的内

容到底值不值得一读？他组织的这些信息是几手信息呢？这样思考之后带给你的改变将会是巨大的，这时你收获的不仅仅是获知信息的组织方式，还会从思维方式上获得从上到下检视作者思维深度的功力。

想要提升这种功力，进入更深层次的思考，关键在于关注事物的关系，而非关注事物本身。

关注关系而非关注事物，需要我们的脑海中有聚焦问题的意识，只要有了聚焦问题的意识，我们就要开始按步骤行事了，简单几步便可以让自己绕开那些表面的复杂文字，抓住一本书的规律和核心。

第一步，找出问题。尽管书籍有不同的题材分类，但是当你进入到一个领域之后，会发现其中的书籍大体就分为两类，第一类是提出问题型的，第二类是解决问题型的，而我们要做的，就是找出这个问题是什么。

这个时候有一些读者会说，作者常常在一本书里面提出好多问题。这没关系，只要你发现作者提出的问题，就请写下来，就像收拾家里的房子一样，先把杂物全部摊出来，再开始合并同类杂物，随后再开始挑选真正需要保留下来的东西。对问题的清理就是对书中作者提出的问题做一个归类。当做好归类后，你会发现所有小问题最终都是为了汇聚到作者要解决的一个大问题上的。

首先要聚焦其中的问题，这就像在谈话时，你要知道谈话的目的是什么,否则聚在一起就只能信口开河了。当你聚焦问题后,锚定效应就会让你带有一种问题意识。这种问题意识让你最终读完一本书之后,发现有一些作者给出了答案,而有一些作者并没有给出答案,这时你就知道这本书的未完成部分是在哪里,作者能不能自圆其说,你如何帮助作者完善不足的部分。

第二步,压缩信息。压缩信息就是当你的解题思路浮现在脑海中后,不能任由这些思路都出现,总要有主有次,你需要把多个思想压缩到一处,把重复信息压缩成最基本的单元,让这些基本单元组合得出你最核心的概念。信息如果太复杂,只会让你损失读者。

我们对一本书的解读并不需要长篇大论,一本书可以被压缩得如此简练,甚至用一句话就能加以总结。如果某个材料让你非常痛苦,没有办法得出简单优美的结论,那就放弃。

第三步,换位思考。还记得前面提到的二战期间数学家的故事吗?数学家当面对大家提出一个很抽象的问题,并引导大家开始去聚焦具体的问题。当大家出现疑惑时,他要引导大家去思考明显反常识的地方往往就是解决问题的关键点,然后让大家通过分析,自己得出结论:要在机头和机尾的部分加焊钢板。

在这个过程当中,他让所有的人锻炼了自己的想象力,并发现了自己思维的不足,再带领大家去完善思维的过程,让大家体会到一个完整的解决问题的方案是在怎样的思考框架下完成的。这位数学家虽然没有明确指出问题,但是他却在谈话的时候引导空军人员进行换位思考。如果换作是你,你是否能把这种方法灵活运用到我们面对的不同书籍主题概念的解读中呢?

五、一个好方法带来舒适的阅读体验

我和很多读者交流时,大家提到的一个最常见的问题就是很容易放弃阅读。我通过交流慢慢发现,如果你很容易放弃阅读的话,通常有四个层面的原因。

第一是你选择了错误的阅读方向。如果你读的书不适合自己,你也不喜欢,或者并非是被阅读这件事情本身,而是被阅读可能会给你带来的好处所吸引,那么你往往是没办法坚持下去的,很多读者都是在重复地做出同一种错误的选择。如果一开始选择的阅读方向就是错误的,那么你内心的抵抗就会自然地使你选择放弃。

第二就是过长、过难的反馈周期。人能够持续地做一件事情,最根本的原因就在于能够从这件事情当中获得反馈。如果你阅读了很长时间,却觉得自己好像一点都没有进步,技能也没有提升,那你继续阅读的热情自然就会减退。而且,如果你获得反馈的过程很难的话,那么你就更加容易放弃了。每个人都有懒惰的特质，区别只是在于你被自己的惰性所控制的程度而已。懒惰的本质其实就是你习惯了只在非常短的反馈周期里面去行动，如果反馈周期很长的话，那你可能就会很容易放弃。而阅读又恰恰是需要你日常积累时间比较长的一项活动，所以有些读者如果长时间得不到反馈，自然也就放弃了。

第三是内驱力会消耗殆尽。我们的内驱力是一种会被消耗的心智资源，它并不是源源不断的，它就像意志力一样可以被消耗殆尽。一个人主动选择去做一件事情，通常是有两种力量在驱使他，一种是内驱力，另外一种就是习惯。虽然每个人的内驱力总会因为个人的基因和体质等原因或多或少地有所区别，但是关键就在于你是怎样去分配你仅有的内驱力资源的。

有些做什么都容易放弃的人，基本都缺乏内驱力管理的能力，他们随意地浪费自己有限的内驱力。相反，一些成功人士每天要做无数的工作，但是他们还会有时间健身、阅读、写作，在你看来需要耗费很大能量的事情，对他们而言其实是很轻松的。根本的原因就是他们没有经常做一些漫无目的的、散乱的、无节制消耗自己内驱力的事情，他们没有进入恶性循环。所谓恶性循环，就是你无法形成很多固定的习惯，所以你的生活当中处处都需要消耗内驱力，而内驱力又总是会很快消耗殆尽，所以你总是处于行动力低下的状态,也就无法养成阅读的习惯了。

第四个原因是过多的选择。在现代社会当中,人们的娱乐形式和每天安排的活动实在是太丰富多彩了,而且在阅读时,很多人并没有养成一个给自己营造专门的阅读环境的习惯。我指的专门的阅读环境就是在一个时间段内告诉自己要尽量免除干扰信息的打扰,比如说微信提示音就是一个巨大的干扰因素,这些东西都代表着你有着过多的选择,过多的选择就意味着你随时拥有退出的权利,所以你并不会全力以赴,你也不会对这件事情有全身心投入的热情。

一旦遇到挫折,你总会以这个选择可能并不好,我要再看看其他选项为理由而轻易放弃。人的本性就是总想做出更好的选择,所以最后的结果就是人们会永远处于寻找和试错的过程当中,无法踏踏实实地仅仅只是开始阅读而已。

一个好的阅读方法从来都不是孤立的,一个好的方法本身就是多维度且自带换挡系统的,它一定是和你已有的生活习惯连接在一起的,不需要消耗你的内驱力和意志力。一个能带来舒适的阅读体验的好方法不仅能够帮助自己养成阅读习惯,还能够让你透过阅读的载体去规划好自己的生活(见图3-1)。

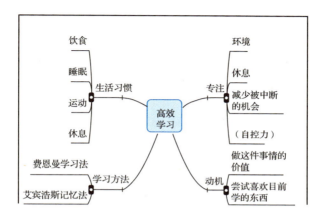

图 3－1

只有将自己的生活规划清楚，不同的时间段不会相互打扰，其他领域不会时常打扰你正在进行的阅读，你才能专心地去做一件事情。你要有一个规律且良好的生活方式，对于生活状况混乱的人而言，去解决这个问题的思路不能是：我要怎样才能够自律？这种思路是一种做加法的思考方式。正确的方法是：我生活当中哪些混乱的部分是可以砍掉的？这是一种做减法的思考方式。现在请你拿出一张白纸，列出一个清单，看看现在的生活当中哪些事情导致了你的混乱？哪些事情上你给了自己过多的选择？然后一个一个地去做减法，精简自己的选择和目标。

如果你的选择超过三个的话，那你的时间只会被浪费掉。减少完选择之后，开始分阶段去规划你的阅读，你可以按照自己内心的优先级逐渐删掉你最讨厌读的书，因为有时大家会趁着一些热点去读一些当时你并不是很感兴趣的书，而只是觉得，大家都读了好像我也应该读，或者说这本书看起来很厉害的样子，我应该读一下。

请一定要按照自己内心的优先级或者此时此刻想要解决的问题的优先级去划定你的阅读规划。你的规划可能会有十项，这时你要做减法，直到最后只剩下三个，你再依次去阅读这三个方向。

你必须清楚地意识到，对于现在的你而言，过度的选择只是在浪费时间而已。当意识到自己在浪费时间时，你就会勇敢地去用随机的方式抛一下硬币了。这时你已经拥有了一个规律化、精简化的阅读生活了，你会发现你的自律、执行等能力已经自然而然地有了明显的提升。接下来你要做的就是内驱力的管理，还记得前面说过的吗？内驱力是一个可以消耗的资源，所以在这个阶段最重要的是要学会去保存，而不是消耗你的内驱力。

养成阅读习惯的前提就是，你的内驱力要足以支撑自己度过枯燥和艰难的阶段，只要度过了这个阶段，你就能够依靠习惯的力量去阅读，而几乎不用再消耗任何内驱力了，也不用再浪费你的精力。之后，你又可以把这一部分的内驱力很好地用于其他习惯的养成，这就是为什么你养成的好习惯越多，你的生活就会越轻松。

保持自身内驱力的最好方式，就是不要再和自己对抗了，不要试图去克服自己的懒惰，而是允许它们存在，它自己是会休息够的。

自律的人之所以能够长久地坚持阅读，是因为他们建立起了很多个不同层次的习惯，所以在大多数时候是根本不需要去消耗的。

当你主动把关注点放在养成一个习惯上而不是和自己做对抗之后，就具备了坚持的素质。

六、高效分享的几个步骤

对于一本书,为什么别人可以很清晰生动地进行内容拆解,而自己却不能?我们为什么要去实践高效分享呢?你有没有发现,那些喜欢与人分享书籍内容的朋友,总是更容易度过阅读的倦怠期。

如果只有输入而没有输出,久而久之你就会遗忘,这种自然的遗忘规律是我们每个人都会经受的。而阅读效率和质量都很高的读者,他们会有自己对抗遗忘的有效方式。我自己的有效方式就是:组织一场高效的读后感分享。

如果没有高效分享这个环节,那你的阅读会很快进入一个低落期。很多读者认为,阅读仅仅是一项消遣性的活动,其实阅读是贯穿我们一生,每天都会进行的一种活动,如果没有做到相应的产出的话,其实是很浪费的。

我发现我们每开始学习一个新东西时,首先都会经历一个精神愉快的阶段。比如,你每次拿起手机刷微博或者刷朋友圈时为什么会上瘾?因为很多东西每一天都是新鲜的，你每一次刷出的新鲜的东西会让你释放出体内的多巴胺，但是随着释放完毕，慢慢地你就会进入一个阅读的低落期。这时你的阅读就会开始放缓或者减少。

这段时间也是拉开许多读者差距的时候，因为这段时间是最容易放弃的，而熬得过这段时间的读者很快就会得到一种突飞猛进的新的感受。在我自己的阅读实践当中，我发现要熬过这段黎明前的黑暗期最有用和最接地气的方法，就是要学会进行读后感的分享。

这种高效的分享不仅能够帮助你深刻地理解一本书的内容，还会让你抛弃以前的完美主义（一定要把一本书从头读到尾）而始终抓不住那20%的重点。同时，经过你的刻意练习，你还会具有一种透视的眼光，看到书中清晰的结构。

倘若这时你的阅读面很广，同时还进行过主题阅读的话，那你在透视这些结构的同时，就能很快在脑中把另外一本书的结构框架和这本书进行一个互相对比和综合，从而能够从次级结构当中再提炼出更高的主要结构，这样散乱的知识就能够被你通过逻辑快速地串联起来。久而久之，你会开始对信息形成一种深刻的理解，这种深刻的理解会让你在分享读后感的时候更有全局观。

防止自己进入阅读的低落期的读后感分享，具体应该怎么做呢？

第一，摆明观点结论；第二，列出信息的层级和逻辑联结；

第三，进行金字塔式分享，不重复同类信息。

很多时候我们在读一本书时会发现，作者好像把重点全都说了，但是自己什么都没记住。这时你完全可以说这个作者写得非常模糊，他在写的时候根本就没有去思考整个信息在向别人传递的时候的一个脉络，它只顾自己能够一路写下去就可以了，很多时候还是拼拼凑凑集合起来的，文字的堆砌对作者而言真是太方便了，不管怎么样总是接得下去的。但是对于读者来说那可就累惨了，因为我们读进去的全都是一些意义不明确的、模糊的片断，你把这本书全部都浏览完之后，大概也会觉得似懂非懂；要不然就是纳闷这到底在说什么，然后不了了之。

试想一下，如果在分享时，你的听众听到的也是这样的表达，就会给他们造成极大的负担，同时也是你不负责任的表现。

高效的分享首先要让听众明确知道你要表达的观点是什么，其次在于你接下来要结构化地呈现你所要表达的信息。一本书的作者想要表达的最终的结论就是这本书的主要信息，也叫关键信息。当你把这个关键信息抓住之后，再去表达它里面的次要信息，在基本的逻辑的主张下，你的表达就会有理有据、条理分明地铺陈出这本书。

这些次要信息并不难找到，因为如果作者有了主要的观点和主要的论点的话，那下面一定会有更多个小论点去分区块地支撑这样一个大的观点。在这里我就要提醒你，当你在表达小论点的时候，请千万不要用太多的层级，因为层级太多时就会陷入一种对细枝末节的不断探索当中，反而让你的主体不突出了。

我们最多只需要去想到它的关键信息和下面的第三层次要信息就好了，因为这三层次要信息已经完全够你去表达清楚这本书的主要脉络了，你甚至可以把它当作对自己的一个限制，凡是超过第三层信息的就不要再说了。

因为如果你不断地说下去，次要信息就会太多，信息越多范围就越广，那别人有可能就记不住。因为人的头脑最敏感的就是前面的123点，从观点和结论开始表达铺陈开来，这样做的最重要的两点好处就是：第一，它会让你有一种俯瞰的感觉，就好像你在上空盘旋着看到自己的精准猎物一样，而不是一种仰视的效果。仰视的效果会让读者有一种不识庐山真面目，只缘身在此山中的感觉。换句话说，用这样的表达，你就可以同时又见树木又见森林。

第二个好处，先说观点和结论，帮助你和你的分享对象之间建立起你们的沟通。其实高效分享就好像是你们在谈话一样，谈话中最重要的一点就是，确认大家的谈话在同一个层次上。这样的高效分享不仅仅能用在阅读上，我们用在团队沟通当中也很有效，一定要确认好彼此讲的是同一层次的东西，才能避免误会的产生。

随后你才会在这其中分区块地去填入让对方能够理解的次要信息。你可以列出每一个层级的信息清单，并且你可以比较它们彼此之间是不是具有统一性。我们常常说，矛盾的地方也许就是你化解问题和自己受到启发最大的地方。如果他们不具有统一性，彼此产生了矛盾，那么你完全可以从这一点入手去思考和发现作者到底在哪里出现了错误，启发自己的批判性思维。

最后一步就是要明确告诉别人怎么做。你可能会说，书里面都没有告诉我怎么做，我该怎么告诉别人怎么做呢？大家不要忘了，阅读是一种双向互动，就好像你在和作者探讨谈话一样，即使对方没有说完的话，你也完全可以凭借自己的生活经验和自己的实践，总结出你的方法分享给大家。只有这样，你才是完成了高效分享的一个闭环——轻松讲道理，明确说做法。

我在阅读很多书的时候，确确实实看到有很多作品没有明确告诉我们做法；或者这个做法作者以为解释得非常清晰了，但是实际上还很抽象，所以在这里我一定要提醒各位读者，请你在高效分享别人的做法的时候，一定要考虑它在我们生活当中的可行性。

我们在高效分享的最后讲结论时，虽然作者提出了很多种方法，你一定要挑出的是什么呢？挑出的是那些在我们生活当中使用情境最大化，对别人来说最熟悉的方法去分享，只有这样，这个方法对别人的生活才能够真正起到作用，否则那些文字还是文字，只是停留在书籍当中，等待被时光遗忘而已。

当你完成这三个步骤后，你的阅读就不仅仅是阅读，你是在筛选，你是在提炼，你会把那80%没有用的东西扔进垃圾堆。结合你自己的生活实践，帮助自己，也帮助他人提高了效率。

七、以教为师,通过知识分享完善自我思考

为什么我们会记得多年前看过的一部经典电影,却会忘记上周刚刚读过的一本书?这是因为视听语言本质上是一种非常口语化的语言,我们看到的图像与我们生活的世界十分接近。同时,视听语言由于更加立体化而刺激了我们的记忆感官,让我们的记忆吸收率更高(见图3-2)。

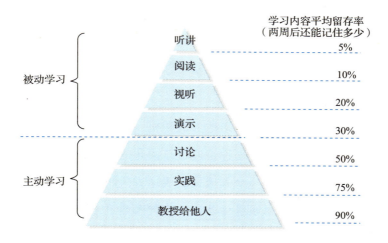

图3-2 不同学习方式的吸收留存率

而在所有的学习方法中,能大幅提升我们阅

读理解效率的方式就是教授给他人了。

教授给他人决定了你对一个概念或知识的真正理解。也就是说，决定我们阅读效率的关键性指标并不是速度，而是理解率。很多朋友会单纯地认为，记住就是一种理解，其实，记住的东西并不代表我们真的理解了，但理解了的东西你一定深刻地记住了。张五常先生也说过，我们在读书的时候，要追求以理解代替记忆，而想要让自己深刻理解某一个知识或概念，最高效的方法就是以要教授给他人的目标去阅读。

在图 3-2 中，大家可以很清晰地看到，不同学习方式的吸收留存率，其中最高的是教授给别人，教的时候你的吸收留存率可高达 90%。

教授给他人这个行为其实就是我们的阅读老师，所谓以教为师，就是让我们体会到：输出是更高效的输入。我们要善于利用去分享给他人的契机，甚至主动去寻找这样的分享，来帮助我们达到完善知识的目的。

我们可以利用去分享给他人的契机，来达到自我知识的完善。教的方式有两种，一种是通过口语化的表达，另一种是通过写作化的表达。每一个人擅长的表达方式不同，但具有不同表达方式的人，可以通过自己擅长的输出通道来重新检视自己的思考。

重新检视自己的思考之所以重要，是因为这种检视可以帮助我们用口语化的表达去代替抽象的概念和内容，逼迫我们用大家常见的生活中的实例进行比喻和联想。当完成这个过程之后，你会发现要用简单易懂的语言把一个问题解释清楚并且还能激起别人的好奇心，实在太不容易了。如果举的例子还必须是听众在生活当中会遇到的常用情境中的例子，那就更是难上加难了。

我们每一个人的高效学习成长都需要给自己这样一种输出的挑战，之所以把它叫作挑战，正是因为复杂容易，简单难。如果你注意观察，会发现很多人在解释一些概念的过程中，仅仅是死记硬背了许多庞杂的抽象文字符号，而没有真正理解其真实的含义，久而久之自然也就会忘掉。当你能够用最简单直白的语言给听众解释明白时，这个概念就会永远印在你的大脑当中。

每个人都有自己擅长的方式，有人擅长说有人擅长写。不擅长说的朋友，还可以选用另外一种输出的方式，那就是写作，把你对别人问题的解答写出来，这就是一个输出的过程。当你在尝试输出时，才会看到自己在知识理解过程中的薄弱环节。

比较常见的疑惑是：为什么我输出的观点没有说服力和感染力呢？如果想要自己输出的知识变得更有说服力和感染力，那就很有必要对自己输出的知识进行加工，这个加工的过程会帮助你对内容的理解变得越来越深刻。

这个加工的过程分为四步，这四个步骤可以帮助你通过换位思考的方式来检测自己到底有没有把内容真正地理解清楚。

第一步,首先要选择你想要理解的新概念,然后拿出一张白纸,把你想要理解的概念写下来。为了让自己体会到快速的学习力,这个概念最好是你自己还不太熟悉的,但是因为你要教给别人,所以你需要通过快速学习来掌握和传播这个概念。通过这样的检测,你可以很快、很直观地看到自己的学习能力和效率有多高。

第二步,着手开始搜集自己的学习资料。因为你选择的是自己并不是很熟悉的新概念,所以这时你脑袋里面是没有与这个概念相关的知识的,由于你要教授的对象比你理解得更少,所以你是对方的老师。因此你要主动开始着手搜集与这个概念相关的资料或书单。

第三步,对象感能把我们快速带入情境中,比如当你想象,中午你的父亲在午休,电话铃响起,你去叫父亲起来听电话时,声音自然就会非常轻柔。请你想象这样一个画面,你是一名老师,你现在要给一位小朋友教授这个知识点,之所以要想象对方是小朋友,是因为我们会自然而然地接地气儿和简单化,不会用一大堆抽象词汇去解释,为了逼迫自己在解释的时候运用最简单的语句,最好的办法就是把教授的对象想象成小朋友。当你有了对象感的想象之后,就可以开始尝试写出你对这个概念的解释了。在这之前,可能你会认为自己对这个概念非常清楚和明白,但是当你落笔开始写作解释时,会发现似乎很不顺畅,或者说逻辑很混乱。许多人进行到这一步的时候才清楚地发现自己对于这个概念真正的理解率。原来自己也还存在很多不清楚的地方，于是自己的薄弱环节出现了，思考仿佛暂停了。

请注意，如果这时你已经感觉到思考暂停了，就请回过头再去阅读一遍这些资料。这个步骤非常有益，任何时候只要你在解释过程中出现了暂停，头脑卡住了，都请你回到最原始的资料上去。原始资料就是你为了理解这个概念所积累起来的学习资料，我们每个人最开始想要学习一个新概念的时候，都会首先收集关于这个领域的主题书籍，这份书单就是我们的原始材料。

在任何时候你感觉自己在解释的时候暂停了，都请你回顾一下这一部分的原始书籍材料，特别需要注意的是，我们需要找到让自己感觉到头脑暂停的那个部分，像打井一样深挖，这就是在清理你的混乱和复杂，直到你领会得足够顺畅，顺畅到可以向一个小朋友非常清晰地解释清楚。

前三步主要是打通自己解释的通道，让信息能从入口的复杂化转变为出口的简单化。打通通道的过程就是你重构表达和思考的过程，所以这三个环节不能偷工减料。完成前三步之后，第四步你需要做的就是对总体的长度做减法。这个减法要用来简化你对这个概念的解释，简化你的语言表达。这样做的用意只有一个，就是逼迫你用你自己的语言，而不是这些材料当中的语言来解释。

到第四步时，很多人常会犯一个自己都没有意识到的错误，他们会用很多抽象的语言去解释一个又一个抽象的概念，无穷无尽，恶性循环，最终迷失在自己织出的密林中。想象一下，如果你用抽象的语言去解释的话，一个小朋友他能听得懂吗？只有转化成最简单的语言，才能让听众留有印象，因为通俗的话更符合信息的记忆点，所以我们加工知识的最后一步，就是要把语言转化为更符合记忆点的信息，也就是那些生活化的语言和简单的表达。一旦完成这一步，你就会将书中的内容理解清楚，并且记忆到你的大脑中，并传递和分享到别人的大脑中。

如图3-3所示就是从输入到输出的理解力增长过程。

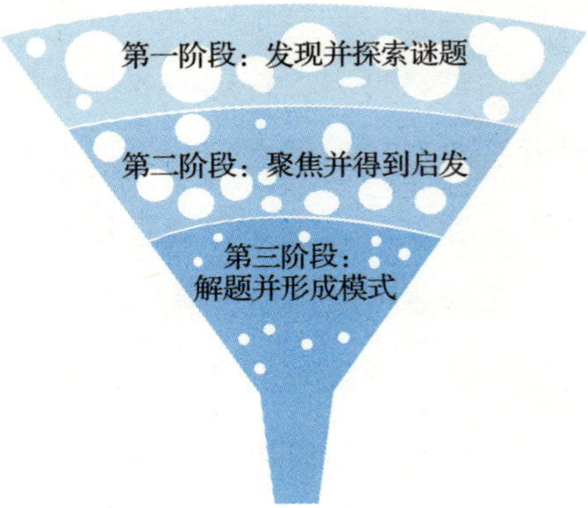

第一阶段：发现并探索谜题

第二阶段：聚焦并得到启发

第三阶段：解题并形成模式

图3-3

这个输出的方法被称为费曼输出法，来自于物理学家费曼。我看过费曼的专访，他在回忆父亲对自己的学习启迪时，讲了其中一个细节。当时他和爸爸一起看百科全书，书里讲到了恐龙这样一个物种，费曼的爸爸就给费曼描述恐龙大概有多高、有多大,同样的情景,也许我们会用自己熟悉的单位来轻描淡写地描绘大概多少米……而我们用这些来给一个小朋友讲解的时候,小朋友是不会有这种尺寸概念的。也就是说,小朋友无法完全听懂。而费曼的爸爸采取的方式则是指着家里面的房子对费曼说:"你看我们的窗户现在是这么大,而那个时期的恐龙的头大概就有你的卧房的这个窗户这么大。"正是这一句简单的具象化语言,让小小年纪的费曼对这种抽象事物有了非常直观的感受。

费曼接受这次采访时已经有50多岁了。他当时对记者说:"我非常感谢我的爸爸对我的教育启发,他让我觉得学习的世界是如此有趣。"

费曼从教多年,始终以这样的方式去教学,他会把每一个最难的知识点用最有趣的方式表达和解释出来。有人说,很难非常直白地给他人也讲明白,我觉得这只是借口,就连相对论如此复杂的物理学原理,爱因斯坦都能够对向他提问的人解释清楚。

有一位女士曾问爱因斯坦:"你说说看到底什么是相对论?"爱因斯坦就说:"正如此时此刻我和一位非常优美的女士共进晚餐,我会觉得时间过得非常快;而如果我与自己非常讨厌的人待在一起,就会觉得时间非常慢。"爱因斯坦用这样一种很有趣的结合提问者的情境的比喻,让人们对这个概念有了一个很形象的理解。当然,并不是所有的知识都能够这么轻松地去解答,但是这种方法的确值得我们去试一试。当你坚持这样的刻意练习之后,你会对难理解的知识有一种豁然开朗的感觉。

> **知识卡** 为什么我们一定要力求让自己的语言描述更简单 ▶▶▶
>
> 不同材料当中的语言经常会有很多专有词汇，这些专有词汇多数都是写给内行人看的，这也是为什么许多书籍不畅销、生涩难懂的原因，因为读者根本记不住。如果你想要给一个外行人解释清楚的话，那你一定要用你和他都能理解的描述性词语去解答。为了让对方理解清楚，你会做许多能串联起你与他共同理解的比喻或联想。
>
> 信息的记忆点是什么？图表、思维导图等总结得通俗的话，就是你的信息记忆点。小朋友是活在一个现象级的世界当中的，当你能够用最简单的现象给小朋友解释清楚一个非常复杂的概念的时候，你对这个概念的理解就一定是非常深刻的。
>
> 关于联想或比喻，你首先就会想到在现象世界当中，哪些观察或比喻是最浅显易懂的，哪些最能让对方理解清楚你要表达的是什么。如果你不能够用很表象化的生活中的例子去解释清楚的话，你的解释就会很冗长，或者会让人迷惑。那说明你对概念的理解根本没有你想象的那么深刻。
>
> 只有努力去简化自己的语言，努力地用接地气的语言，我们才能够更好地去理解它，也才能够利用输出这个漏斗，让自己真正地具备火眼金睛，去了解哪些人是真正掌握了知识，而哪些人只是做表面文章而已。
>
> 请向自己发起这样一个挑战吧，尝试着教授别人一些有趣的东西。在这个过程当中，你就已经不知不觉地进行了一场提升终身学习能力的自我输出。

附录 A
阅读效率工具箱

1. 如何阅读大部头书籍

我们容易对一定能成的事情充满更多的动力。

阅读大部头书籍的秘密武器其实很简单：合理的阅读计划以及时间拆分法的帮助。

提到目标，我们脑海中首先想到的就是艰难的挑战，除非迫不得已，我们其实并不喜欢太遥不可及的目标。为了减少内心的排斥感，我们需要运用一些小方法来让自己的目标看起来比较唾手可得，这会增加我们行动的主观意愿。这个小方法，就是对计划进行拆分。我惊喜地发现，这种拆分计划的方法可以应用在任何领域当中。

当你要阅读大部头时，可以把一本书想象成好多本书。

你知道每天可用的时间，你可以把时间拆解，拆解后时间就被划分成了多个小片段,你就能知道每利用一段这样的小片段,你就能读完这本书的多少分之一。

这种心理暗示和合理科学的计算,会帮助你最终抵达终点,而成功又会加深你的积极暗示,激发更多动力,带来更多的成功。随后,当你再拿起大部头书籍的时候,就不会有排斥感和拖延性了,内心的阻力消失后,能量不再用于自控力和意志力的塑造,阅读效率便会更高,心态也会更轻松。

2. 如何阅读工具书

工具书效能层级:运用 > 理解 > 记忆 > 接收。

根据效能转化率来看,边读边用是工具书阅读的最佳策略。这样的阅读方式能帮助你把当下看到的内容立刻存储到你的长效工作记忆中。

在阅读的全程自始至终保持工具书的使用意识,学到后立刻用于解决对应的问题。当你解决问题之后,内心会有一种满足感和成就感,对待阅读的态度会越发积极,从而会促进你从一开始的被动解决问题型进阶到主动提高自我型。

难道你在阅读说明书的时候会从头到尾地把它查阅清楚?比如你买了一辆车,你会把车辆使用说明书全部读完之后,才开始开车上路?不,你已经学会了最基础的驾驶技能。随后,在不断使用的过程中,等新的使用问题出现后,才继续增加新的内容。

当然,你也会在空余的时间里准备一些应急的知识。还记得学习开车时,驾校老师有一套教学系统,从易到难,最后还会专门特别讲解那些容易出错的部分,让我们学会这些应急知识作为储备。工具书正是这样,它系统汇集某方面的资料,按特定方法加以编排,以供需要时参考使用。如果逛书店,可以特别关注一下书店是否有专门陈列工具书的区域,看看有没有自己所需要的工具书。

一次,我参加读书类的主题活动,主持人问我自己会不会读工具书?是如何看待工具书的?可能大家仅仅是把工具书当作查阅信息的检索工具,而忽略了阅读工具书的乐趣,正是这种乐趣能让你体会到阅读工具书是在不断升级自己的"装备"。我的工具书方式,是趣味性工具书与严肃性工具书结合着读,以保持自己对工具书的兴趣,让阅读过程不枯燥。参考类工具书提供的是具体文献资料,检索出的结果可以直接利用,这是属于严肃性工具书。检索类工具书是对文献的特征做简要的记载,属二次文献范畴,所以如果我在阅读检索类工具书时遇到感兴趣的主题,就会继续去寻找相关的趣味性工具书来进行补充阅读。

比如把很有趣味性的《地理学与生活》作为了解地理学的工具书,把《如何使用你的眼睛》作为了解如何开发我们自身官能学习力的工具书。我把这两本书推荐给了身边几乎所有的朋友,这两本工具书让我走到哪儿学到哪儿,每天的所见所闻都能成为我们认识世界的信息输入端。我通过阅读这两本趣味性工具书所建立起的思维框架提升了自己生活体验的深度。由此可以说，我们完全可以把阅读工具书变得很有趣。

受益于这些"装备"，我每次逛书店时都想淘两本新的工具书来帮助自己提高生活体验和问题解决能力。

> **知识卡**
>
> 在为解决问题而搜索资料时，单一的资料有时会有所误导，因此我们的资料要尽量地精确和全面。工具书就是比较精确和全面的基础资料。虽然工具书有很多种，但是要尽量挑选领域中最权威的出版方，它们通常有多年的工具书出版经验，对待内容都是慎之又慎。另外，几本互相关联的工具书放在一起，相互印证着使用，很快就能勾勒出一个细分领域的面貌。
>
> **知识卡**
>
> 我们很有必要长期跟读一本工具书，这会使你培养出编者的思维方式，从整理归纳的角度认识一个学科的知识层级和联系是如何构建的。

3. 如何使用图书馆

为书找人，为人找书

对于图书馆的强大功能，是从我一个朋友在图书馆进行创业感知到的。每一次我需要探讨问题时，都要去图书馆找他。他能在图书馆里待一整天。陪这个朋友泡图书馆的一星期让我发现，面对图书馆，我们只开发了它20%的基础功能。以下就谈谈我是如何使用图书馆的。

（1）充分了解图书馆的馆藏资源和布局。有些图书馆的藏书分为基藏书、流通书、电子书。基藏书文献质量高，不外借，只能在阅览室中阅读。流通书和电子书外借。你可以根据自己的实际需要借阅相关书籍。

（2）了解查找文献或知识的方法。这里你需要了解文献分类法、世界三大检索工具的检索方法、国内外期刊的大致情况和检索方法以及搜索引擎的基本用法。

（3）检索途径有两种，一种纸质文献资源，另一种是数字文献资源。前者利用图书馆书目检索系统就可以检索具体的图书，后者要利用图书馆的数字资源平台进行检索。

（4）培养阅读兴趣，看你自己喜欢的书，多看与自己专业相关的书。

（5）有计划有深度地使用一座图书馆，你会发现其中的资源非常丰富。一定要制订针对一所图书馆的读书计划。图书馆藏书很多，在那样的环境中，你更容易产生一种出版物浩如烟海的感觉，体会到选择性和高效率阅读的重要性，否则耗尽一生，你也不会读到多少具有真正价值的书。选择一个功能性图书馆和专业性图书馆，进行深入研读模式，想象它是你所生活的一座城市，进入其中，你人生的所有重大事件都会与它相关联，这个时候你会发现，图书馆是一个很有趣的空间和故事开始的地方。

（6）限时借阅法。大家在借阅图书的过程中，很容易出现借了不读的情况。而且会在一本书上浪费过多的时间，所以要给自己设定一个限时借阅的规则，这会让你比别人效率更高。

（7）多用网络资源，通过电子借阅提高自己对图书的综合利用。

（8）利用图书馆多了解一些专业知识。很多同学泡在图书馆是看文学、历史等方面的书籍，而很少涉猎专业方面的知识。大学生应该很好地利用图书馆资源开拓自己的专业知识面，培养专业兴趣，为将来就业和继续深造打下坚实的基础。知名学府的图书馆不同于公共类图书馆，会形成较为完整的特色馆藏、流通、检索、导航、研究体系。

4. 眼脑直映法：让阅读像拍照

在我们的不良阅读习惯中，口读、默读算是人人都中招的坏习惯了，这种通过眼睛接受文字信号，将它们转译成声音然后加以理解的阅读方法，大大降低了阅读速度。再加上阅读的时候，分心、停顿、重读一遍等其他打扰阅读速度的因素，整体的阅读速度就很慢了，而且这些因素会割裂你的整体感知，让你在读过后完全不记得整本书的内容。

使用眼脑直映的阅读方法就像老鹰从空中鸟瞰大地，哪里有猎物，一眼就能锁定目标。把自己想象成老鹰，当阅读速度提升时，大脑自然会以看地图的方式阅读文章：先掌握文章的中心思想，再一一读取相关的重点字词。

⚠️ **小窍门**

亲近图片，多将视觉图像的信息输入自己的大脑中。同时，在记忆时，不要试图把视觉图像描绘成文字，而是要像拍照一样，直接记住图片。有时候甚至要刻意反过来，把文字全部想象成图片，再存储到大脑中。

通过刻意练习，你能越来越有意识地完成主动转化，让大脑高效运转起来，脱离记忆惯性。

5. 故事法：活化大脑，阅读流利

复杂世界，故事为王

要善于运用故事思维去重构关键词。

用故事的思维去阅读书籍是我个人最喜欢的一种方式。如果你是一个电影迷，你会发现，组成一部电影的基础元素包括人物、情节、主题。

曾经，我在《故事思维》里面读到过这样一段话：真相，直接又冰冷，曾被村庄里的每个人拒之门外，因为她的直白吓到了人们。当真相被寓言发现的时候，她又冷又饿，蜷缩在角落里。寓言可怜她，把她带回家。在家里，寓言用故事为真相装扮，给予真相温暖并再次送她出门。身着故事的外衣，当真相再次敲响村民的家门时，受到了热情的欢迎，被迎进了村民家。村民们给她烤火并邀请她在他们的桌子边吃饭。

书籍的硬性部分正代表着真相，软性部分代表着故事，当硬性的真相密度太高时，会给人一种冷若冰霜的生硬感。尽管内容很有价值，但读者感受到的不是作者的诚恳与好意，而是无趣与冷酷。

来点故事思维，让你的头脑自动成为一家故事生产厂，让你的生活和写作多一点故事性，加工后的阅读并没有因此而变"坏"，反而更加吸引人。

什么是故事法

故事法不仅仅是讲故事而已，还会在你的头脑中建立另外一套解释世界的思维框架。小时候，我们都拥有这套思维框架，但是随着我们的成长，需要记录和传播的内容越来越多。我们需要一套高度抽象和符号化的系统来涵盖更多的讯息，所以我们的生活、思维及表达都进入了抽象的符号世界，这既是一种"浓缩"，也是一次"阉割"。

在这个符号的世界里，我们创造了辩证思维和理性思维，却慢慢淡了故事的思维。我们被新创造的辩证思维和理性思维"阉割"了，提出了情感因素和戏剧化因素，因此故事在头脑中的生存之地越来越少。

事实上，故事思维跟辩证思维、理性思维应该是平起平坐的。所谓故事法，就是用故事情节去打动更多听众，而不是用没有的情感、道理去说服读者。因此，故事法必不可少的元素就是细节，也可以说是情节。情节可以活化我们的大脑，运用好它，可以让你在阅读一本书时，把内容"加工"得更加深入人心。从某种程度上来说，当我们学会用故事法把一本书复述出来时，就是对内容进行了二度创作，功力不输给原作者。

如何运用故事法对原内容进行组合

第一步：提取书籍里面的故事元素。

我们可以提炼出的故事元素包含：主题、人物、情感、情节、细节和时空。

第二步：重新组合这些元素里面的核心要素。

第三步：调动主观情感，基于真实的人生经历去讲述故事。

就以《浮生六记》这本书为例吧。这本书的主题之一是，一个善于发现美的女性，能在不太富裕的生活中，过得有滋有味。

没有故事思维的描述是这样的：从初见的怦然心动到婚后的举案齐眉；从谈诗论画到赏月弄花，平平淡淡的柴米夫妻将清贫的日子过成了一首诗。

这样的描述会让你对这本书的理解，停留在非常抽象的符号中，不能在自己的大脑中留下深刻的印象。因此，时间一久你就忘记了，最后只记得《浮生六记》是沈复的自传体散文，记录了作者平凡而又充满情趣的居家生活。

在人的大脑中，只有以情感为线索串起一系列的事实，而不是以抽象符号串联起的一系列概念，才能称为故事。读者沿着你重新给出的线索，形成了自己未来的思想，这就是你影响别人思想的过程。

所以，想要留下深刻的印象，在阅读时，就要一边读，一边把自己想象成书中的人物，感受其中的情绪与冲突。然后跳出来，把书里的内容重新排列、设计和思考，以帮助自己跨出原作者的"客观思想"。这样，你的讲述才能饱含感情，主题明确，达到打动他人的效果。

如何重组故事元素

第一步，选出一个你想表达的主题。比如：女人是因为可爱而美丽。

第二步，找寻能体现这个主题的人物。比如：《浮生六记》中的芸娘。

第三步，搜集芸娘可爱的情节。

情节 1： 有一次，沈复栽培了一盆花，但总是觉得不够生动。芸娘见他苦恼，便灵机一动，找来些许蝴蝶和其他昆虫，用细细的丝线缠绕在花的茎干上，这一神来之笔，被许多来客称赞。

情节2： 芸娘乔装打扮成男性，陪沈复在庙里遍处游玩，却没人认出她是女子。也有人问沈复和他一起游玩的人是谁，沈复便答："是我表弟。"于是询问的人拱拱手施个礼，就不再追问了。

第四步，用这些表现主题的情节串起整本书。

这时候《浮生六记》的故事就已经深深地印在你的脑中了。这就像你看了一部好电影一样，你随时都能回忆起来电影里最精彩、最有生命力的情节。

寻找一本书里你最感兴趣的主题，根据主题重组故事元素，你就能给厚厚的书做减法，给自己的记忆减负。故事元素组合得越巧妙，你的故事就越精彩。

阅读时，如何运用故事思维

很多人说，自己读的不是故事书，而是内容深刻的理论书籍，真的没办法用故事思维进行阅读。

其实，很多理论都能被故事所解释。物理学家费曼的理论艰深难懂，但他会借用生活中一些常见的事物来解释，便于大众理解。这得益于他父亲从小对他进行的思维培养。

费曼家有一套《不列颠百科全书》，他小的时候经常坐在父亲腿上，听父亲给他讲这套书。其中有一段描述是这样的：雷龙身高 7.6 米，头宽 1.8 米。大部分的父母读到这样一句介绍会一带而过，但费曼的父亲碰到抽象和冰冷的描述时从不放过微小的情感细节，他知道孩子对这些枯燥的数字是没有概念的，于是他会抓住机会补充书里没有探讨的细节："假如这只恐龙站在我们家的院子里面，它的头可以伸进楼上的窗户，不过呢，恐龙的头比窗户还大了一些，所以它必须要用力才能把头挤进去，这样就会把窗户弄坏。"

父亲这样一段简单的描述对费曼的影响是巨大的！情感、细节和时空能使枯燥的知识变得更加真实、可信、有情味。尤其是故事里面的细节，常常是打动人心的关键所在。费曼从小就感受到，现实生活中的事物可以解释很多自己不明白的抽象概念。从那时候开始，费曼就学到了一种方法，之后不管读什么，他一定要把那些抽象的东西转化为形象的事物，来加深自己的理解。这也影响了费曼的教学方式，他的教学生动形象，因为他知道理解一件事有两种不同的方式：第一种是记住这件事的名称，第二种是真正理解这件事的实质。

你可以多运用故事思维去解读比较枯燥的理论书籍，帮助自己熟悉这种描述模式，形成自己解释世界的方式。

阅读时，不妨带着这几个疑问去扫描摆在你面前的书本：

1. 这本书的作者向你展现的包含生活经验的画面有哪些？
2. 如果没有，你能为他补充出来吗？

于是,你自己的故事就出现了,因为你在对这本书进行二度创作。

用故事思维进行阅读,会让你在重构中惊讶于自己的学习能力,你怎么能不满心欢喜呢?

6. 残像法:忘记不重要的,读出最核心的

从生理学角度讲,物体对视觉的刺激作用突然停止后,人的视觉感应并非立刻全部消失,而是该物的映像仍然暂时存留,这种现象也称作"视觉残像"。

你现在可以试一试,盯着你阅读的这本书旁边放置的笔、水杯或电脑等物品,当你的眼睛连续注视一段时间后,视觉神经就会兴奋起来,兴奋之后并不会立刻恢复到平和的状态,因此就会留下兴奋的痕迹。这个痕迹就是残像。

正因为有残像存在,人才有了基本的记忆力——在不依靠什么方法的情况下对信息的留存能力。这个能力在人与人之间的差异不会很大,但经过刻意的残像训练,我们能很快提升自己阅读的速度和效率!

外界的图片、文字等符号,其实是一种信息的载体。我们了解了不同信息载体更具效率的"传导"方式,才能更有针对性地掌握提升阅读速度和效率的方法。"传导"这个词语也可以解释为"翻译"。这和我们进入另外一个国家,需要他们的

语言作为"传导"载体一样，便于彼此交流和理解。

你是否想过：我们的大脑，和我们所处的外界环境，是通过什么"语言"进行交流的呢？也许大脑具备多种语言，分别针对不同的对象进行交流呢。比如左脑使用的语言就和右脑使用的语言不同。左脑使用程序化序言，而右脑使用图像化语言。

残像记忆正存在于右脑的图像化语言中。

你可以试想一下，当你拿起手机，重新翻看自己分享到朋友圈的照片时，你并不需要看一大段文字才能回忆起照片拍摄时的细节，你可以绘声绘色地描述当时发生了什么，有哪些有趣的见闻。当时拍摄的天气、心情等你都能如数家珍地描述出来。这个时候，你的大脑就自动地调动了右脑语言，已经是条件反射式地快速调动最强大的功能了。

你准备拿起手机拍摄的部分，也是你认为最应该记录的部分，而残像记忆本身就只会保留那些你印象最深刻的部分。也就是说，它们本身就是重点。

我们需要解析大脑是使用怎样的程序化"语言""格式"等阅读视觉信号的，然后制作一个"加速装置"，将外界的视觉信号残像以更高效的方式传导到大脑。秘诀就是改进你的装置。"熟能生巧"说的就是这么一个简单的道理。

如何改进你的装置呢？

视觉记忆久不锻炼就会萎缩和退化。我们的残像记忆正是如此。除非特别刺激的残像，或在你生命中十分有冲击力的残像，会让你认为这是十分重要的信息，否则大部分人对平凡的日常都有一种主观性的忽略。而当你能把平凡的日常通过残像法进行调动时，就把这80%的未使用功能开发出来了。

如何开发呢？多看图。通过看图的方式调动你的图像记忆和叙述性程序记忆的联系。尝试着在看到图片时进行自我描述。随后再反过来，当你看到文字的时候，把它转化成图片性的记忆。渐渐地，你的头脑就会像照相机一样，快速进行文图互换。

如何把这种方式运用于阅读生活，提高阅读理解率呢？

当你阅读完一本由文字符号组成的图书时，请在纪录片素材库与电影素材库中，搜寻一部与其内容相匹配的纪录片或电影进行文本与视觉的转换工作。通过这种外界的作用力，首先是有意识地引导大脑内部的两种程序进行转换，慢慢地，这种意识就会成为今后阅读时的潜在状态。

附录 B
"听书"的五大核心方法：教你高效利用音频学习

1. 长、短音频应分别如何听

音频载体可以帮我们在碎片化的时间中，利用听的优势来提升自己。可是，你掌握听音频的方法了吗？轻松两招就可以帮助你在收听音频的时候领先于人。

听读并不是我们想象的那么简单。人的注意力是有限的宝贵资源，长音频和短音频分别应该怎么听？在什么情境下听效率最高？每个人听觉模式都不一样，怎样去搜寻适合自己听觉模式的音频文件？

不管你的兴趣点是什么，下面的方法都适用于任何主题的内容。音频以 10 分钟为界，10 分钟以内，我把它称为短音频；10 分钟以上的是长音频。

短音频应该怎么听呢？针对短音频，要尽量选择在早上8点钟之前的时间聚精会神地听。

很多人对短音频有一个偏见，认为它短，所以就小看它，其实这往往犯了一个大的错误。短音频正是因为时间短，所以常常会在一段音频当中就包含一条完整的资讯。

虽然音频对你而言只是获取资讯的一个通道，但是即使是这个通道，我们的效率也要有所提高。你想要提升自己的学习效能，最好的方法就是要用更高效的方式去代替低效的方式。音频是资讯的载体，制作者非常清晰地把最精华的部分变成了短音频传递给你。如果你在注意力不是特别集中的时候去听，那么你的吸收端就出现了问题，学习效益当然就不能最大化了。你花了时间却并没有取得预想的效果，

我们还要认清声音和自己的记忆之间的联系。我们以不同感官接收到的信息，都会首先以电脉冲的形式进入大脑，但是这种非常短暂的脑电波很快就会消失，并不能给你造成深刻的影响。而我们的耳朵又是一个非常重要的感官，所以这种电脉冲就会转化成脑电波，但这个过程我们是完全意识不到的，所以我们自己的身体不会产生任何变化。

为了把短音频的短时记忆转化为长期记忆，并且成为自身知识体系的一部分，这个时候必须要集中注意力，向大脑输入更多关于这个事物的信息。而早上8点之前的这个时间，大脑最清晰，外部环境的干扰也最小。

接下来说说长音频。从头到尾聚精会神地听这个方法，就不适合于长音频了，因为人的注意力是有限的，只有合理分配注意力资源，才能真正抓住音频的重点。

长音频的前两分钟要聚精会神地听，因为通常能够听出作者的叙述意图和叙述结构。对待长音频，前两分钟是判断整个音频结构的关键时间。判断对了，你就知道你的注意力要用在关键节点上。

这个时候你就能够首先了解主讲人的思路，当主体结构明确之后，剩下的细枝末节并不会影响你理解主讲人想要传递的信息，所以其他的细节只是添砖加瓦。每一个人表述的方式在一定时间范围内几乎是稳定的，所以当你熟悉了他的表述风格后，你再听他的其他音频，就会倍感轻松了。

2. 怎样用耳朵提升信息的层次

通过听就能提升信息的层次是我最喜欢的一种方式了，因为既能锻炼自己倾听的能力，又特别容易执行。

我们要善于使用自己的大脑。你有没有这种感觉？当你想要买某样东西的时候，你会发现身边很多人都在用这个东西。就拿买车来说吧，如果你选中了甲壳虫，那你会发现，路上怎么突然多了这么多甲壳虫啊！

一些事物也许你没有注意到，但是它却实实在在地存在于你的脑电波当中，所以如果你在一段时间内都不断地去重复回忆一个词，那么这个词的声音就会不断在你大脑当中循环往复地出现，它会提醒你：当这个词语出现在音频里的时候，你的大脑就会变得非常敏感，是这个词语自动抓取了你的注意力，而不是你去主动搜寻这个词语在哪里。

还有另外一个很明显的例子，晚上你们出去玩儿，环境很嘈杂。即使这样，只要有人叫你的名字，你还是能够清楚地听到，随后马上转头去找是谁在叫你。这就是因为你对自己名字的读音相当敏感。

你现在可以拿出一段文字来读，注意感受和觉察自己是不是首先听到脑海当中的声音，随后再去理解的。听读系统对我们而言，相当于一种自动运行的系统，因此你要善于运用大脑本身已经自动运行的本能。当你在脑海中不断提醒自己关注的关键词时，大脑就会加深对它的敏感度，你的脑波就会集中和优化，优化后的脑波会引导你的学习进入一种理想的状态。

在这个状态下，你就会慢慢地收拢被其他信息分散的注意力，对这个主题有更高的认知能力和更强的解决问题的能力。

3. 哪些音频资讯能快速提高自己的认知结构

不管是哪个领域，每天在听音频的过程当中，如果你稍微对信息分类整理，就会发现信息一共有三个层级。

第一层级信息的特点非常明显,就是内容很简单,即使没有人给你解释,你自己也可以明白其想表达的意思。第一层级信息的代表就是新闻资讯。你在看新闻资讯的时候,很清楚它所传达的信息。

第二层级信息是什么呢?第二层级信息不仅仅传递了一个事件的事实,甚至有的时候还是作者对事件和事实的一种理解。第二层级信息是在大量的第一层级信息的基础上整理而来的超信息。同样是听新闻资讯,你可以绕过去只听社论。社论类资讯是第二层级信息的代表,理解起来会有些困难,所以听社论的人要比听新闻的人少很多,因为社论音频很乏味,给人最直观的感受就是不生动。因为这一层级信息最大的特点就是它省略了烦琐的细节,总结出了要点,可以说它们是升华,也可以说它们是浓缩。

在我们了解了它的这个特性之后,就要借助抽象的阶梯向上爬,上升到更高的层次。如果我们的思考永远都停留在第一层级信息上裹足不前的话,那不管等到什么时候,不管听多少音频,都只能收获一个简单的念头而已。当我们自然而然地沿着音频资讯的阶梯不断地向上攀登时,我们就会把思考提升到更高的层次。

我们首先可以直接搜寻第二层级信息的主要生产者——评论员。每个领域中都有一些活跃的评论员,当你在收听评论员的音频时,你获得的就不仅仅是对这件事情的了解,还获得了这个评论员对这件事情的信息提炼和他的认知。

我们再来看看第三层级信息。我们每天都会听到各种各样的资讯，如果我们把这些资讯毫无选择地纳入我们自己的耳朵当中，这些信息怕是会影响你的健康，更好的办法就是让这些资讯互相批判。所以当你搜寻评论员观点的时候，请不要只是听一个评论员的观点，在这个领域当中，始终关注4~6名立场和观点相反的评论员，无论什么时候，谁提出一个评判，我们都不仅有权利，而且有责任去看看与他意见相反的评论员的观点，看看彼此是不是有证据支撑。这样，当你关注的领域每出现一个新的客观事件的时候，你就都可以听到对这件事情的全方位评论，做一名通过倾听音频来提升自己认知思维的思考者。

4. 挖掘听读渠道，找到被忽视的信息池

我喜欢通过关注定向定制的专业人士的账号，来挖掘信息，链接到别人不曾关注的信息，这样的听读方法得益于我喜欢"集中策略"阅读的习惯。

关于通过听读来挖掘渠道，找到被忽视的信息池，我推荐大家选用集中策略性的听读。什么是集中策略性的听读呢？

以前大家都用微博，现在很多各行的意见人士都已经开通了自己的一个电台。也就是说，他们除了文字版本的叙述之外，更多时候，还会通过语音的方式来记录和传播自己的一些见解。

而我不希望自己的阅读太碎片化，因此索性就把这些信息集中起来在一个时间点听，我发现这带来的好处是巨大的。

当一个话题或主题出现的时候，各方意见领袖都就这个话题发表自己的见解。于是，当你把他们对同一个话题的见解全部集合起来后，就会发现每个人由于认知不一样，会从不同的角度进行解读，你能全面广泛地听到大家的认知，拼成一幅完整的解读地图。尽管不能完全知道真相，但也能更加全面客观地看待问题。

由于你在进行集中策略性阅读，因此很有可能每个话题在互联网上都会有相关的拓展听读链接，你会读到一些不被大众认知但是却对某个领域有深刻认识的观点。如果这些观点让你觉得豁然开朗，不妨搜索作者的微博和微信自媒体，锁定后长期关注，这就是你自己的信息池。

当更多的链接出现的时候，就会把你指引到平时你不太关注的另外一些信息池的网址。

5. 如何听懂别人的知识结构，问出好问题

我们利用越来越多的时间开始听读，但更多的时候，只是在倾听作者对一个问题的见解，而我们要学的其实并不是这些作者表述出来的末梢信息。因为这些末梢信息是他经过思考之后，展现给我们的一个片段结论或描述。如果只听这些，除了

茶余饭后的话题之外，我们永远不会学到方法中的方法。

为什么有的人听了同样的一段音频之后，获得的启发更大，还能够获得更高的提升？而我们却只是消费了这段音频，或者只是非常印象化地描述："哦，他讲得真的很有道理。"但要换成你自己来讲出这个道理时，你能同样讲出来吗？很多时候，我们做不到，原因就是没有听懂别人的知识结构。

因此，听读的时候，要抱有听懂别人的知识结构这个目的，要加入这个话题的讨论中，想象自己是其中一名对谈嘉宾，你需要问出好问题来让探讨更加精彩有趣。如何才能够和对方一起探讨呢？最简单的一个方式就是问问题，将自己代入作者的立场或对立的立场，考虑是否有被忽略的关键之处。没有问题就是最大的问题，从小我们就被教育：大家要懂得倾听，不要随便打断别人说话。其实我认为在求知的道路上，我们要学会在听的时候，自己在心里不断地对发言人提问。

问问题的思索过程，就是不断帮你进行知识结构串联的过程，而你问问题一定要先从作者的对立立场入手。"调皮捣蛋"的人思维总是很活跃，通过对立立场，可以迅速地激活头脑的兴奋度。你想想看，辩论的时候是不是越辩越精彩？如果辩论的双方越说越统一，那这场辩论赛就没办法看下去了，你会觉得这场辩论真的好无趣。

当你在心中问问题时，就是你在与对方对谈或辩论，这个时候你就会发现他是通过什么方式来说服你的，他用了哪些案例作为说服的工具,这些例子又从属于哪一个结构。这个时候,你就能够慢慢地拼凑起它背后的知识地图,就会知道他的阅读广度。

你接收到的这些陌生信息,不仅仅是他告诉你的某个故事,而是成了你的探测器,你知道了原来他长期关注这个领域,于是你就可以顺藤摸瓜关注这个领域的基础书籍,做一个大概的了解,有了敏感度,平时看到什么信息都能填充到这个框架中。善用不同领域中一些入门级的、总揽性的知识和总揽性的书籍,从而可以顺着这些结构开始建立起这个领域的一种感觉,下一次你再找一些话题和他共同探讨的时候,你会发现你的关注面也更广了。

你的知识结构随后也在变广,你可讨论、可反驳的地方也越来越多,慢慢地,你跟他的距离就拉近了,你问出的问题也会越来越有深度。随后,继续跟进、继续探讨,功力便会不断提升,换一个"比武"对象继续挑战吧。